中村 民雄

EUとは何か
——国家ではない未来の形——
【第2版】

D1741862

信 山 社

◆EU加盟国・シェンゲン協定参加国一覧◆

(→本書20、61、106、122ページなども参照)

は じ め に

散らばった
パズルの EU

EU (European Union) は、どうもスッキリ頭に入って
こない。いったい何なのか。多くの人がそう思って
いるように見える。まるで断片的な絵のまま散らばったパズルである。

　ニュースには EU がしばしば登場する。毎日報道されるユーロ相
場。ユーロは EU 諸国の共通通貨だといわれる。だが EU 諸国全部
に使われる通貨ではない。イギリスやデンマークや多くの東欧諸国
では各国通貨が使われている。ならばユーロは何のためにあるのか。
EU とユーロにどんなつながりがあるのか。ユーロは 2010 年前後
にかけて「危機」だという報道もあった。危機脱却のためにドイツ
がギリシャなどに巨額の財政援助をしたことも報じられた。だが
EU の共通通貨を救うためにギリシャを EU ではなくてドイツが支
援するというのは、どういう理屈からそうなるのだろう。「ユーロ」
の断片的な絵が描かれたパズル一つをとっても、それが他のパズル
とどう組み合わさって「ユーロ」の絵になっていき、さらに大きな
EU の絵のどこに位置するようになるのか。それがわからない。多
くの人がそう感じているのではなかろうか。

　2014 年の EU 関係のニュースをみても、パズルは散在したままだ。
3 月、ロシアがウクライナ領のクリミアを併合したことに対抗して
EU はロシアに経済制裁を行ったと報じられた。5 月には EU の議
会選挙があり、反 EU 政党が史上初めて躍進したと報じられた。10
月には、EU の議会選挙の結果を受けて、EU の欧州委員会の新し
い委員長と委員が任命された。これまでのバローゾ (Barroso) 委
員長に代わり新委員長にユンカー (Juncker) 氏がなったと報じられ
た。同時に EU の顔だったファン・ロンパイ〔ロンパウ〕(Van Rompuy)

氏に代わりトゥスク（Tusk）氏が欧州理事会の理事長（常任議長。「大統領」と呼ぶメディアもある）に任命されたと報じられた。これらの断片的なニュースはそれなりに意味をもっているのだろうが、お互いがどう組み合わさるのだろう。だが組み合わせるにしてもEUが何をし、どう運営されているのかの知識をもたないと組み合わせようもなく、パズル（なぞ）のままである。EUがロシアを制裁することにどれほど重みがあるのか。EUでだれが制裁を決めるのか。EUの議会選挙の結果がEUの運営にどう影響するのか。EUの議会は日本の国会みたいなものだろうか。欧州委員会や欧州理事会とやらは何をするのだろう…。

全体像がつかめないEU　EUは統治体としての形・イメージもはっきりしない。国家なのかといえば、そうではなさそうである。もしもEUが国家で、とくにアメリカ合衆国のような連邦国家なら、EUが連邦政府でEU各国が州政府だと頭に入りやすい。だがEU固有の連邦軍も警察も税務署もなさそうである。しかもEU各国は、ドイツもフランスもイギリスも、未だに多くの場面でEUとは別個に外交や安全保障の政策を展開している。なによりイギリスは2016年の国民投票でEU脱退派が多数を占め、脱退（Brexit）も現実味を帯びてきた。だがもともとイギリスは国家であって、EUから分離独立して国家になったのではない。そうするとEUは連邦軍や連邦警察をもって全体を統治し、外交も連邦政府として統一的に行っている国家に比するのは適切ではなかろう。

　かといってEUは国際連合のヨーロッパ版のようなものでもなさそうである。EUは国連よりもはるかに実効的な統治力を持っているようにみえる。ニュースではときどきアメリカや日本の大企業がEUの欧州委員会によってEU競争法違反を認定されて巨額の課徴金を課されたと報じられる。国連にはそんな介入を民間企業に直接

にする権力などない。EU は加盟国に対しても国連よりはるかに強力に規律力を及ぼせる。ユーロ危機後につくられた EU のルールにより、いまや EU 加盟国の毎年の予算案は欧州委員会から厳しく査定される。とくにユーロを採用している加盟国の場合は、予算案で翌年の財政赤字が大幅に増えたりすると予算案の見直しを欧州委員会に命じられる。EU 各国、とくにユーロ諸国は、自国の予算案すら自由に作れない。それと同じような規律を国連は加盟国に及ぼすことはできない。

　これらからすると EU は国家でも通常の国際機関でもない。それでいて非常に強い権力を企業にも加盟国にも発揮する、面妖な越境的統治体である。

EU を分からない
では済まされない

だが EU を複雑だ面妖だと切り捨てて、敬遠し理解しない態度をとるわけにもいかない。EU は日本とも経済的にも政治的にも文化的にも深いつながりがあり、いやがおうでも私たちの生活に関係してくる。EU はなにせ人口ではアメリカを凌ぐ 5 億人の、GDP では世界の 25％を占める巨大市場である。日本企業もヨーロッパ地域（とくに 2000 年代以降は東欧）に多数進出している。日本企業は EU を知らずにヨーロッパで経済活動はできないし、ヨーロッパ企業と取引もできない。巨大市場ゆえに、また政治的なパートナーたりうるがゆえに、日本政府は EU と経済連携協定や戦略的パートナーシップ協定を結ぶ交渉をしている。これは日本とアメリカ等との TPP（環太平洋戦略的経済連携協定）の交渉に匹敵する重要な交渉である。私たちの日常生活においてもワインをはじめ EU からの産物があふれている。食品の安全基準はヨーロッパでは大部分が EU の規律する基準に統一されている。だから食品の安全性を気にする消費者なら EU がきちんと安全性を規律しているかどうかを知りたくなるに違いない。文化的

にも近代日本はヨーロッパの学芸・科学を大量に吸収してきた。その伝統は今も変わらない。科学の最先端からクラシック音楽まで何を修めるにせよヨーロッパに留学したい人は、EU 各国だけでなくEU も留学生を支援する奨学金プログラムを用意していることを発見するだろう。

〈国家ではない未来の形〉としての EU

ビジネスや生活に関係するだけではない。EU にはさらに画期的な意味がありそうだ。EU は〈国家ではない未来の形（かたち）〉の一つを示す政治・法・思想の実験とも受け取れるからだ。

　私たちは、国家という統治の形にあまりに慣れ親しんできた。だがこの頃は国家の形だけにこだわっていては十分に解決ができない社会・政治・経済問題を抱えるようになった。国境を超えて広がってくる環境汚染の対策は国境をこえた協力が必要である。漁業資源や熱帯雨林など天然資源の乱開発はそのままでいいのか。日本もその一端をになう熱帯雨林からの木材輸入で熱帯雨林は減少し地球環境はどんどん変化している。労働力はどうだろう。日本は少子高齢化社会に向かい労働力の確保が問題となっている。それと移民規制の緩和の是非も議論に上りうるはずだが、わが国ではほとんどタブー視されている。だがそのままでいいのか。EU は域内移民を自由化してきたが、それが社会の不都合を招いたのだろうか。その点の EU の経験は参考にならないだろうか。スマホや携帯の規格や通信規制はどうだろう。その面の日本市場のガラパゴス化（孤立化）がいわれて久しい。どうして国境を気にせずスマホを使えないのか。

　こうした問題は、国家単位でものを考え、国家という形で解決するという発想では十分には解決できないし、かといって国家間でつくる国際的制度によったとしてもうまく解決できないことが多い。そういう国際的制度に世界の関係国すべてが参加しているわけでも

ないからだ。たとえば京都議定書など地球温暖化対策は、有数の温室効果ガス排出国が議定書に参加しなかった。そのため温室効果ガスは増え続けた。また国際的に解決すべき現代の問題は政策分野横断的な複合的な問題が多いから、特定の目的に限定された国際機関では十分に解決できないことが多い。たとえば木材貿易のために熱帯雨林を伐採することで生じうる環境問題（気候変動や生物多様性の減少）を貿易に特化した世界貿易機関（WTO）が十分に解決できるわけでもないし、他方、生物多様性に関する国際的制度において貿易のほうを規制できるわけでもない。

　だから現代の私たちは、国家や通常の国際機関とは別の、それらを超えるような視点や発想も持ち合わせる必要がありそうである。そうでないと現代社会の問題への十分に効果的な対策が打ち出せないのではなかろうか。そういう問題意識をもって EU をみると、それは国家でも通常の国際機関でもない〈未来の形〉の試みに見えるのである。もちろんそれがつねに成功しているとは限らない。だが少なくともどういう未来の形なのか、その形で何が成功してきたのかは、私たちも知る必要があるし、知っていれば私たちの未来構築へのヒントにもなるのではなかろうか。

EU パズルの骨格を組み合わせる　そういうわけで、本書では、正面から「EU とは何か」に迫りたい。EU がどういう目的で何のために作られ、またどう発展してきたのか。EU は国家という形では対応できない問題にどう対処してきたのか。EU はどんな仕組みで運営されているのか。EU は世界とはどう接しているのか。国家という形をとらない EU と国家との折り合いをヨーロッパの人々や国々はどうつけているのか。それを以下の章で述べていきたい。

　まず、〈国家ではない未来の形〉としての EU の働き（効用）を「組合みたいなもの」という比喩で表すという本書の方法を示す。

そのうえで、ヨーロッパ「組合」が何のために、なぜ、作られたのかを説明する（第1章）。続いて、EU がこれまでに何をしてきたのかを描く（第2章）。ここでは、EU の主たる活動成果や特筆すべき活動の特徴をピックアップして具体的に生々しく描く。第1章が「起」なら、第2章は「承」にあたる。

　第3・4章は「転」にあたる。第3章では、視点を実績から制度に転じ、第2章で述べたような活動成果を生み出す基盤となったEU の制度や運営方法を説明し、EU 制度の独自の特徴を示す。第4章は、視点を域内から対外関係に移し、EU の対外活動の成果と運営の仕組みを描く。

　「結」にあたるのが第5章である。これまでの章すべてを総合して、EU はこれからどうなるのか、そして「EU とは何か」を考える。なるほど EU には、確定した最終的な統治の〈形〉がまだない。とりあえず「EU」と名づけた制度をつくり、どういう〈形〉に育てていけばいいかをヨーロッパの諸国と人々が日々問答し相互に議論し批判しながら、同時にその時々の目下の課題をみつけては EU の制度で対処して実績を積み重ねて EU の実体を作り上げていく、そういう自己実現的な存在である。それは〈国家ではない未来の形〉を求める一つの実践的な試みである。

　本書は、EU という面妖な存在を理解するための基本的な知識地図ないし座標軸を読者の頭に作ろうとする。その基本地図・座標軸があれば、日々の断片的なニュースや散らばった知識も、自分自身で関連づけて整理し理解できるようになるだろう。そうすれば EUという試みがどれほど自分の生活や自分たちの社会に関連し意味をもつものかも評価できるようになるだろう。各自が残るパズルを組み合わせていけるよう、一幅の大きな絵の骨格をなす部分のパズルを組み合わせていこうというのが、本書である。

◇第1章◇ EU は何のためにあるのか

EU は組合のようなもの

EU（European Union）は、ヨーロッパの諸国と人々が、国境を越えた共通問題に共同で対処する統治「組合（ユニオン）」である。各国が個別に対処するより、共同の組合（EU）で話し合い、共通の解決策（政策や立法）を決定し、メンバー（EU 構成国＝ EU 各国）がそろって組合（EU）の決定に従うほうが効果的な問題もある。そのような共通問題を発見し対処する制度が EU である。

1950 年代から 80 年代までは、EC（European Communities）と呼ばれ、ヨーロッパを単一の経済市場にするための組合だった。1990 年代以降は、加えて外交や安全保障など政治的な問題も扱うことができる組合になった。それが今日の EU である。

「組合」は比喩であり、EU 理解の手がかりにすぎない。EU を知るにつれ、比喩の不完全さにも気づくだろう（第5章「主権」に関するコラム参照）。そうなればもう比喩はいらない。EU は前例のない統治体制である。EU は人類が経験して名をつけてきた統治体制（帝国、国家〔とくに連邦制の国民国家〕、ヨーロッパ中世のローマ教皇と世俗諸侯の二重統治体制など）のどれにも似ているが一致しない。EU の特異さを既知の統治体制像に引きずられずに表すために、それらから最もイメージの遠い「組合」を比喩に使う。

（1）EC の設立動機と歴史的背景

なぜヨーロッパの諸国や人々は、1950 年代に EC を作ろうと考えたのだろう。主な理由は二つあった。

ヨーロッパの恒久平和の実現

第一は、戦争のないヨーロッパ、ヨーロッパの恒久平和を実現したかったからである。ヨーロッパは二度も世界大戦の戦場となり、多くの犠牲者を出した。国土も荒廃した。核兵器まで登場した世界大戦は、あらゆる人が戦争に加担し犠牲者となる「総力戦」となった。二度とヨーロッパの地で総力戦を繰り返してはならない。これが1945 年の第二次大戦終結当時のヨーロッパの人々に共通する思いだった。

ところが終戦直後からヨーロッパは、すでにアメリカとソビエト連邦の間の東西冷戦の場となっていた。ドイツは連合軍の占領統治が終わった 1949 年には、東西に分断された国家となった。ベルリンも東西に分割され、

次第に分断されていった（「ベルリンの壁」）。同時期、東ヨーロッパには社会主義諸国が誕生した。ヨーロッパは東西の陣営に分断され、いつ「冷戦」が「熱戦」になるかもわからない緊張があった。実際1950 年夏、東西陣営の熱戦が朝鮮半島で勃発したとき、ヨーロッパの人々は他人事（ひとごと）でない危機感をもった。西ヨーロッパの諸国や人々は、国際連合（国連）だけでは十分に平和は達成できず、ヨーロッパの地に恒久平和を実現する独自の仕組みが必要だと感じていた。

ヨーロッパの経済発展

第二は、ヨーロッパ経済の復興と発展のためである。第二次大戦で荒廃した国土

を復興させるために、1947年にアメリカの国務長官マーシャルは
西ヨーロッパ諸国に当座の資金援助を提案し（マーシャル・プラン）、
これが実行に移された。しかしそれは1951年までの援助だった。
1952年以降、経済発展をどう維持するかは課題として残された。

こうした時の要請に答え
る、まったく新しい仕組

創造的な政治 ── 敵対国同士が手を結ぶ
プロジェクト ── 石炭鉄鋼共同体の提案

みを、フランスの外務大臣ロベール・
シューマン（Robert Schuman）（写真左）が
1950年5月9日に提案した。フランス、
ドイツ、イタリア、オランダ、ベルギー、
ルクセンブルクの6カ国で、**ヨーロッパ石
炭鉄鋼共同体**（European Coal and Steel Com-
munity, ECSC）を作ろうというのである
（シューマン宣言）。この提案の原作者は、
フランスとアメリカの政府要人と知己の実業家ジャン・モネ（Jean
Monnet）だった（写真右下）。モネは敵対してきたフランスとドイ
ツが特定の具体的な課題について他のヨーロッパ諸国とともに協力

を積み重ねていけば、大きな課題である恒
久平和も達成できると考えた。そこで、石
炭と鉄鋼に目をつけた。これは経済発展に
不可欠の資源である。しかもドイツとフラ
ンスがそれをめぐり戦争をした。だから石
炭と鉄鋼を6カ国が組合（「共同体」）をつ
くって共同管理し、6カ国に平等の条件で
偏りなく流通させるなら、戦争の種がなく
なり、独仏和解にも貢献し、ヨーロッパの

恒久平和への第一歩となると政治的にもアピールできると考えた。

石炭鉄鋼共同体（ECSC）の成立

シューマン宣言は 6 カ国に受け入れられ、1951 年に 6 カ国間で ECSC 設立条約がパリで結ばれ、1952 年には ECSC が発足した。これが EC の始まりである。その EC が基礎となり今の EU となっているから、今でもシューマン宣言の 5 月 9 日は EU 記念日であり、シューマンやモネは EU の創設者に挙げられる（シューマンは、イギリスにも ECSC への参加をよびかけたが、イギリスは ECSC の仕組みがイギリスの自主的な決定権（＝国家主権）を制約しすぎる点を嫌い、関心を示さなかった）。

　もっとも、ECSC の設立で当時の政治課題が十分に解決されたわけではなかった。ECSC は、経済活動の基礎となる素材部門の組合であって、それだけでは経済復興と発展に十分ではなかった。しかも ECSC が長期的に求める恒久平和は、西ヨーロッパ内の平和にとどまり、東西冷戦に対応できる軍事的な安全保障にはならなかった。

他の動き —— 英米主導の国際機構：WEU・NATO、ヨーロッパ評議会（CoE）

当時のヨーロッパ情勢を見ると、むしろイギリスやアメリカの主導のもと、西ヨーロッパの異なる国々の組み合わせで他の国際機構をつくり、恒久平和を実現しようとしていたことに気づく。東西冷戦のもとでは、軍事的な防衛と安全保障が重視された。東側諸国の軍事力に対抗するために、西側陣営のイギリス、フランス、ベネルクス三国がまとまり（これが後に軍事同盟としての西欧同盟 —— West European Union、WEU —— となる）、それにアメリカ、カナダ、イタリア、ポルトガル、デンマーク、ノルウェー、アイスランドを加えて NATO（北大西洋条約機構）が 1949 年に結成された。

　このほかに、西ヨーロッパ諸国が暴走して戦争に突入することがないようにする仕組みとして、1949 年にヨーロッパ評議会（Council of Europe）が作られた。民主主義の国といえども、第一次大戦後の

COUNCIL   CONSEIL
OF EUROPE DE L'EUROPE

ドイツ（ワイマール共和国）がナチスドイツに変容して第二次大戦に至ったように、全体主義に走ったり人権を侵害したりして戦争へと突入する危険がある。そこで、民主主義を守り人権侵害を予防し除去するために、イギリス、フランス、イタリア、ベネルクス三国、アイルランド、ノルウェー、スウェーデン、デンマークがヨーロッパ評議会を設立した。これにギリシャ、トルコ、アイスランド、西ドイツも加わった。ヨーロッパ評議会は、国連の世界人権宣言の内容を、ヨーロッパ地域の国際裁判所を作って実効的に保障することにまず取り組んだ。そのために、ヨーロッパ人権条約を結び（1950 年）、ヨーロッパ人権裁判所を設置した（1959 年）。このようにイギリスやアメリカを中心とした、戦後ヨーロッパの平和維持の枠組み作りも並行していた。

フランス主導の軍事・政治共同体の失敗

一方フランスは、1950 年 6 月末に朝鮮戦争が勃発すると、「ヨーロッパ防衛共同体（European Defence Community, EDC）および政治共同体（European Political Community, EPC）」構想を打ち出した。これは朝鮮戦争のように冷戦が熱戦になるような事態がヨーロッパで生じないようにするためだった。フランスは（東ドイツとの前線をなす）西ドイツの再軍備が不可欠だと認めざるをえないが、西ドイツの再軍国化は防ぐという、両立させがたい要請にこたえる案としてこの構想を打ち出した。この構想では、西ドイツの再軍備を許すが、西ヨーロッパ地域の防衛については、各国が独自に自国軍を動かさず、ヨーロッパ防衛共同体の指揮統率の下に各国軍をヨーロッパ軍として動かすものとし、またヨーロッパ政治共同体をつくり、ヨーロッパ防衛共同体を監視するという案であっ

た。この構想もモネが起案した。ECSC 諸国はフランスの提案に賛同して、そのための条約に署名した（1952 年）。しかし、肝心のフランスの議会が、国家の防衛主権に対する制約を嫌う保守派が多数を占め、条約を批准（＝条約を議会等が承認すること）しなかったため、構想はつぶれた（1954 年）。その後、西ヨーロッパ諸国は代案として、西ドイツが西欧同盟（WEU）と NATO に加盟することを条件にして、再軍備を許した（1955 年）。こうして 1950 年代半ば以降、西ヨーロッパ諸国は、東西冷戦に対する軍事的安全保障については、イギリス・アメリカが主導する NATO に役割を託すことになった。

| EC の登場 ── 経済共同体（EEC）・
原子力共同体（Euratom）の成立 |

だが西ヨーロッパ諸国の経済復興と発展を推進する課題は、依然として残っていた。フランス主導のヨーロッパ防衛構想が消えた後、今度はオランダが、経済活動全般を ECSC 諸国間で相互に自由化する「共同市場」構想をフランスやドイツに示した。工業国として復興しつつあったドイツは、ヨーロッパという広域の経済市場構想を歓迎した。しかしフランスは農業部門の比重が大きく、その構想に懐疑的だった。フランスはベルギーとともに、部門限定の共同体構想として原子力の共同体構想を出した。

　こうしてベネルクス三国が ECSC 諸国の利害を調整する役に回り、1955 年、イタリアのメッシーナでの会議で両案を交渉することに諸国が合意した。そして 1957 年にローマで、EEC（European Economic Community、ヨーロッパ経済共同体）設立条約と、Euratom（European Atomic Energy Community、ヨーロッパ原子力共同体）設立条約が締結され、いずれも 1958 年に発効した（次頁の写真は調印式の様子）。こうして 1950 年代末に ECSC、EEC、Euratom の三共同体ができあがり、総称して EC（複数形の European Communities）と呼ばれるよ

うになった。1967 年には
三共同体それぞれにあった
運営機関が統合されて、共
通の機関となった。

ECの主要機関 この 1960
年代末当
時の EC の諸機関の姿は、
こうである。これが EU へ引き継がれていく。

○ EC は一定の立法（＝ EC の構成諸国と人々に共通のルールをつ
くること）ができるので、その面に関係する機関としては、
法案を提案する**欧州委員会**（各国から独立の委員で構成する）、
それを審議し採択する**閣僚理事会**（各国政府を代表する大臣の
会合）、法案への意見を述べる**欧州議会**（EU 諸国民を代表する
者の会議）である。

○ 次に、EC の立法を施行すること（＝行政）は、多くの場合、
EC 各国の政府機関に任され、**欧州委員会**が各国政府の施行
を監督する。**欧州委員会**が施行するものも一部ある。

○ 最後に、EC 立法や EC 設立条約の解釈などに争いが起きたと
きは、EC の**司法裁判所**が裁き、あるいは各国の国内裁判所
と協力して裁く（＝司法）。

太字部分が EC の機関であり、これらが EC 独自の立法・行政・
司法の働きを担う。EC の機関は、ほぼそのまま今日の EU の機関
となっている（詳しくは、第 3 章参照）。

ただし、時がたつとともに、次の変化もあった。1970 年半ばか
ら EC 諸国の国家の首脳（大統領や首相）の会合も定期的に始まり、
1980 年代半ばに正式に**欧州理事会**という名の新たな機関ができた。

これは EC/EU の大局的な政治方針を決めたり、閣僚理事会で決着がつかないことを決めるものとなった。また 1990 年代以降は、**欧州議会**が、閣僚理事会と同様に、法案を審議し採択する立法採択権をもつようになった。

EC への対抗 EFTA の設立から EFTA 諸国の EC 加盟へ

さてヨーロッパの大陸諸国が EC 設立に向かっていたころ、イギリス、北欧諸国、ポルトガルなど周辺の西ヨーロッパ諸国は EEC に対抗して EFTA (European Free Trade Association、ヨーロッパ自由貿易連合) を設立した (1960 年)。とくにイギリスは EC が立法をして、各国の自主的に立法する権利 (=国家の立法主権) を奪うことを嫌った。またカナダなどコモンウェルス諸国 (旧大英帝国地域) との貿易にも期待していた。そこで立法権などもたない EFTA の設立を提唱し、主導した。

しかし、EFTA 諸国間の貿易は伸びず、また冷戦下、アメリカは独仏和解と西ヨーロッパの安定を求めていたので、イギリスの EFTA 設立を西ヨーロッパ内の分裂行動として支持しなかった。イギリスもこうした状況から外交方針を転換し、1960 年代には EC 加盟を求めるようになった。しかし、イギリスは当初 EC 条約を無条件には受け入れず、また当時のフランスの大統領ド・ゴールもイギリスを一貫して拒否し、加盟できたのはド・ゴール退陣後だった。こうして 1973 年にイギリス、アイルランド、デンマークが EC に加盟した。のちに 1981 年にギリシャが、1986 年にスペインとポルトガルが EC に加盟していく。

EC の長期目標 ── 恒久平和 ── の実現

このように EC は、戦後の不安定なヨーロッパ情勢の中で誕生し、イギリスなどもとりこんで次第に安定して展開していった。経済活動全般の共同市場をつくって西ヨーロッパの経済発

展を持続させて西ヨーロッパ諸国間の恒久平和を達成する。つまり経済を手段とした恒久平和の政治プロジェクトとして EC は誕生した。EEC と Euratom が無期限の共同体として設立されたのもそのためである。経済市場を共同化していけば、西ヨーロッパ諸国と人々はその広大な市場に魅力を感じるだろう。諸国と人々の経済的な相互依存が深まるほど、相互の戦争で受ける人々の損失が大きくなるから、戦争を避ける力が人々に働くだろう。こうした計算は正しかった。EC が共同市場の実現を進めるほど周辺の西ヨーロッパ諸国も EC への加盟を求めるようになった。そして 21 世紀の現在、EU 諸国間での戦争は考えがたいものとなり、それが評価されて 2012 年に EU はノーベル平和賞を受賞した。

（2）EU の設立動機と歴史的背景

> 冷戦の解消——共同体の目的と制度の変化——EC から EU へ

しかし、1990 年代以降の現代のヨーロッパは、EC 設立当初とは政治や経済の背景が大きく異なる。とくに 1990 年前後に東西冷戦が解消し、ヨーロッパや世界の情勢も大きく変化した。ゆえに今日の EU は、EC の目的のままであるのではない。

実際、EU は 1990 年代以降の政治経済の情勢変化に対応するために EC を改造して作られた。1992 年にオランダのマーストリヒト

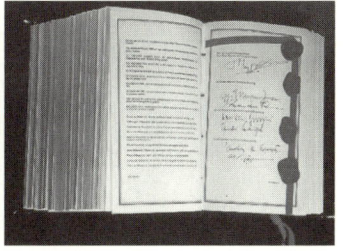

で締結された EU 設立条約（マーストリヒト条約）が今日の EU の原型をつくり、EU は 1993 年 11 月に発足した。その後、条約の改正を繰り返して、現在の EU は 2009 年に発効したリスボン条約（EU 設立条約等を改正する条約）にもとづいて運営されている。

| EU の目的 |

では今日の EU の目的は何だろうか。それは、ヨーロッパ諸国と人々をいっそう政治的にまとまったものにして経済分野以外の共通問題にも効果的に対処し、また世界の政治や経済での EU の影響力を増していくことである。EU 条約は「平和と EU の価値（＝人の尊厳、自由、民主主義、平等、法の支配、人権の尊重）と EU 内の諸人民の幸福を促進すること」が EU の目的だと述べている。

| 長期目標 1：域内の「自由・安全・正義の地域」化 |

そこで域内については、ヨーロッパ広域の政治社会の基礎となる共通利益（人権保障や治安など）が万遍なく保障されるような「自由・安全・正義の地域」づくりを長期目標として進めている。

　たとえば EU 各国の警察が緊密に協力して、犯罪者の摘発と逮捕をより迅速かつ効果的にすることなどがその一つである。EU は人の移動を EU 域内で「自由」にした。そのため犯罪者も自由に移動できるようになった。そこで EU 諸国は社会の「安全」のために、犯罪者が他国に逃亡したときも逮捕しやすくするために「欧州逮捕令状」の制度を導入した。EU の A 国で殺人など重大犯罪をおかした犯罪者が EU 内の B 国へ逃亡しても、A 国が発給した欧州逮捕令状で B 国の警察がその犯罪者を逮捕して A 国に引き渡すことができる。一本の欧州共通の逮捕状で、重大犯罪については、EU のどの国の警察でも逮捕と引き渡しができる。これは治安・警察力の向上であり、

また犯罪者を摘発して裁き、社会として正しく罰するという「正義」のより迅速な達成にもなるだろう。しかし他面、この逮捕状がもしもA国の警察の事実誤認や誤った手続から発給されたりするならば、無実の人がB国で逮捕され、深刻な人権侵害となりかねない。だからEUは、「自由」「安全」「正義」だけでなく、ヨーロッパの人々の人権の保障にも取り組んでいる。

長期目標2：共通安全保障・防衛政策の形成　2010年代にはEUは、構成諸国が全会一致で賛成する範囲で、ヨーロッパ地域の軍事的な安全保障と防衛も扱えるようになった。これがようやく可能となったのは、1990年代末に、ヨーロッパの軍事大国イギリスとフランスの間で、NATOと両立する限りでEUに軍事的な安全保障と防衛の任務をもたせうるとの合意ができたこと、そして中立・非同盟政策をとるEU構成国（スウェーデン、フィンランド、オーストリア、アイルランド、マルタ）もEUの共通防衛政策の形成に加担しないが反対もしないとの立場をとったことが要因である。そこでEU設立条約において、EU諸国がすべて賛成するならば、中立・非同盟のEU諸国を除く形でEUが「共通安全保障・防衛政策」を展開しうるものと定められた。その政策のもとで関係各国が防衛面で相互に協力するものとし、将来的には関係各国が承認するなら各国軍をEU共同防衛軍に編成することも可能になった。こうして冷戦期に作られていた軍事同盟のWEUは不要となり、その任務をEUが継承し、WEUは2011年に解散した。1954年につぶれたヨーロッパ防衛共同体構想の実質は、2010年代にEUにおいて実現したともいえる。

長期目標3：「一つの声」のヨーロッパの世界行動　世界に向けては、ヨーロッパ諸国がより多くの問題についてEUとして「一つの声」で発言しようとしている。1980年代からとくに環境保

護や自由貿易などの国際条約の交渉などでは、ヨーロッパ諸国は EC として（のちに EU として）団結して交渉を先導してきた。2009 年以降は、外交や世界政治については EU の「上級代表（High Representative）」（外務大臣のような職）や EU の「欧州理事会理事長（President of the European Council）」（EU 諸国首脳会合の常任議長）が EU を代表して発言するようになっている（詳細は第4章参照）。

　またヨーロッパ諸国は、世界におけるヨーロッパの人々の利益を EU の共同行動を通して擁護している。たとえばソマリア沖などで頻発した海賊行為から EU 諸国の商船や客船を守るために、EU 諸国の海軍を EU 合同護衛隊に編成して派遣する共同行動などがそれである。

　また EU は、民主主義、法の支配、人権尊重、人の尊厳の尊重、平等と連帯、国連憲章と国際法の尊重という諸原則にもとづく世界秩序づくりを試みている。そこで今日の EU は、日本など域外の国を相手として自由貿易を交渉する際にも単に貿易協定だけを結ぼうとはしない。相手国も EU とともに民主主義や法の支配や人権尊重などの基本原則を共有することを確認する政治協力協定もセットになるように交渉するのである。

　このように今日の EU は、内にはヨーロッパ諸国と人々がいっそう政治的にまとまるように政策を展開し、外に向けてはヨーロッパ経済の重みを使って政治的な影響力をより大きく発揮し、ヨーロッパ諸国が共有する政治原則にもとづく世界秩序づくりを進めようとしている。

EU 形成の経緯

今日の EU の目的や活動は、しかし、当初からこのようにきれいに計画されていたのではない。1980 年代末以降、ヨーロッパと世界の情勢の急激な変化に対応する中で、形をなしていった。

　歴史を振り返るなら、1980 年代半ば、西ヨーロッパ諸国間の平和はすでに達成され、EC は当時、1992 年の単一経済市場の完成という目標にむけて政策を強力に進めていた。共通通貨ユーロの導入も必要だと主張していた。EC 諸国の景気は上向いていた。しかし、ヨーロッパには東西冷戦が残っていた。

「ベルリンの壁」の崩壊 ── 冷戦の解消 ── 東欧諸国の民主革命

ところがその冷戦が、1989 年 11 月以降、瞬く間に消え去って行ったのである。1980 年代半ばからソビエト連邦では民主化を進める政治改革が政府の手で始められていた。東ヨーロッパ諸国にも民主化を求める市民の声が広がっていった。1989 年に入ると東ドイツ政府はもはや国内の民主化を求める市民運動を抑えきれなくなっていた。11 月 9 日夜、政府が東ベルリン市民に西ベルリンへの自由通行を認めるやいなや、市民は西ベルリンへなだれ込み、ベルリンの壁にのぼり、壁を壊し、自由の凱歌をあげた。これが民主革命となり、時の東ドイツ政権はくずれた（映画『グッバイ・レーニン』はこの時のベルリンの様子をコミカルに描いている）。翌 1990 年には東西ドイツは再統合し単一国家となった。他の東ヨーロッパの社会主義諸国でも次々と民主革命が起き、自由市場経済の民主主義国家に転換していった。1991 年にはソビエト連邦が崩壊してロシアとなり、東西冷戦が終わった。

政治課題 1：東欧からの移民

東西冷戦の解消は、ヨーロッパ政治の前提を大きく変えた。なにより

ヨーロッパの範囲が東ヨーロッパに広がった。否、本来のヨーロッパの広がりが復活した。ところが復活した大ヨーロッパには経済共同体の EC では十分に対処できないような新たな問題が山積していた。

　たとえば、1990 年当時、東ヨーロッパ諸国の経済発展は、西ヨーロッパ諸国よりも遅れていた。そのため、東ヨーロッパ諸国の体制転換による経済混乱から、西ヨーロッパの豊かな生活を求めて大量の移民が生じるのではないかと西ヨーロッパ諸国は警戒した。しかし当時の EC は、域外から来る移民を EC として共通に規制する権限をもたず規制ができなかった。その一方で EC の域内では人の移動は自由化されていた。とくに「シェンゲン協定」により EC 域内国境でのパスポート検査を廃止し、自由通行を認める大陸側の多くの EC 諸国間では、いずれかの国がいったん域外からの移民を寛大に受け入れたなら、域外移民は他の EC 諸国にも移動していく可能性があった。ゆえに域外からの移民の規制は EC レベルで共通にすべきだとの声もあがった。しかし当時、域外からの移民規制は EC 加盟各国の権限で、EC には権限がなかった。

政治課題 2：周辺国の紛争とヨーロッパ安全保障

またたとえば、多種の民族が混在するバルカン半島には社会主義国ユーゴスラビアがあったが、冷戦解消後、分裂して多くの小国になって独立した。その一つボスニア・ヘルツェゴビナでは民族対立から内戦が生じ（1992 年）、「民族浄化」と称して市民の大量虐殺が繰り返された。EC 域内では平和が達成されても、域外の近隣国で起きた内戦と深刻な人権侵害に対して EC はなすすべをもたなかった。

EC は、軍事的介入などできる組合として作られていなかったのである。軍事同盟の NATO も、NATO 構成国以外の国の内戦に介入することに当初は慎重だった。この

ように冷戦解消後の大ヨーロッパの新たな課題が次々と浮き彫りに
なる中で、西ヨーロッパ諸国は、経済共同体 EC を作り変えて、大
ヨーロッパの共通問題に対処できるような仕組みにしなければなら
ないと考えるようになっていった。

政治課題3：経済のグロー
バル化への対応　　また、東西冷戦の終焉は、ヨーロッパ
経済の背景も転換させた。社会主義経
済国だったロシアも東ヨーロッパ諸国も資本主義の自由市場経済の
国へと転換した。その結果、世界の大多数の国が自由市場経済国と
なり、いっそう多くの経済活動が急速にグローバル単位の経済市場
を求めて展開するようになった。ヨーロッパの人々もヨーロッパ市
場に満足せず、それを超えてグローバル市場での経済活動をより多
く求めるようになった。そうなるほどヨーロッパの経済市場もグ
ローバル経済市場の動向に左右されるようになった。たとえば
2000 年代のユーロ危機は、アメリカの金融危機から連鎖的に生じ
た（第2章参照）。こうしてヨーロッパ諸国は、ヨーロッパ単位の経
済発展を考えるだけでは足りず、グローバル市場経済競争を勝ち抜
く政策も打ち出す必要があると考えるようになった。

EU の設立と拡大　　このように 1980 年代までの EC の蓄積と、1990 年
代以降の政治経済の背景の根本的変化から EU
設立条約が締結され、1993 年に EU は発足した。その後も EU 諸
国は、条約の改正を繰り返して EU を改造していき、EU の目的や
任務を次第に明確にしていった。そして EU は世界においても、平
和・安定・繁栄の象徴であり、政治経済力のある重い交渉相手と
なっていった。

　EU の展開とともに構成国も増えた。1995 年には、スウェーデン、
フィンランド、オーストリアが EU に加盟した。2000 年代になる
と東ヨーロッパや南ヨーロッパの諸国が加盟した。2004 年にはエ

ストニア、ラトビア、リトアニア、ポーランド、チェコ共和国、ス
ロバキア、ハンガリー、スロベニア、マルタ、キプロスが、そして
2007 年にはルーマニア、ブルガリアが、2013 年にはクロアチアが
加盟した。現在 EU は 28 の構成国を擁している。

新世代のための EU
── 生まれ出づる悩み
このように EU は 1990 年代まで 1950 年代
の基本精神にのっとり展開してきた。戦
中・戦後直後の世代がそれを戦争経験と反省にもとづき支えていた。
しかし 2000 年代に入ると、戦争を知らない世代、生まれたときか
ら EU や通貨ユーロがあった世代が社会の多数となってきた。そし
てそこに EU の対応力を試すような危機が次々におとずれた。イス
ラム原理主義を標榜する者たちによるテロ活動（本書第 4 章）、ユー
ロ危機（本書第 2 章）、シリアからアフガニスタンにかけての内戦や
政情不安定から生じた大量の難民等の EU 域内への流入（本書第 2
章）、そして 2016 年 6 月のイギリスの EU 脱退（Brexit）国民投票
（本書第 5 章）。これらはみな既存の EU 統治制度の限界や脆弱性を
つき、また思想的に EU の存在意義を問うた。戦後ヨーロッパの恒
久平和が当たり前となった今日、ヨーロッパの人々は老いも若きも
次の何かを EU に求めている。前述した大づかみの 3 つの EU の長
期目標があることは間違いない。だが、現在のヨーロッパの人々に
は毎日の問題に比べれば、それらはあまりに抽象的である。かくし
て EU 諸国やヨーロッパの人々の前には、「EU は何のためにある
のか」「具体的にどんな恩恵をもたらしてくれるのか」「EU がない
と自分たちはどう困るのか」といった問いが再び深刻に立ちはだか
る（本書第 5 章）。そして説得的な答えを示す EU 政治も各国政治も
未だ現れていない。

◈ 1960 年代・2010 年代のヨーロッパ国際機構の重層図 ◈

1960 年代のヨーロッパ

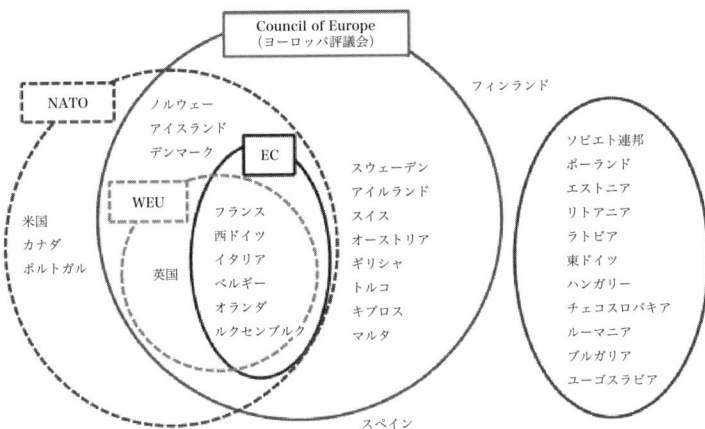

2010 年代のヨーロッパ

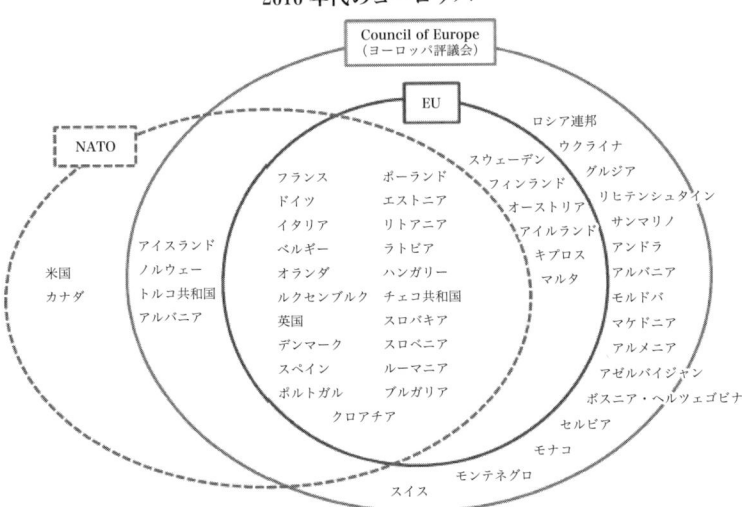

WEU は 2011 年に終了し、任務は EU に継承された。

コラム：EU の規模

　現在の EU は、人口、GDP、貿易総額のいずれにおいても世界一または有数の規模をもつ。

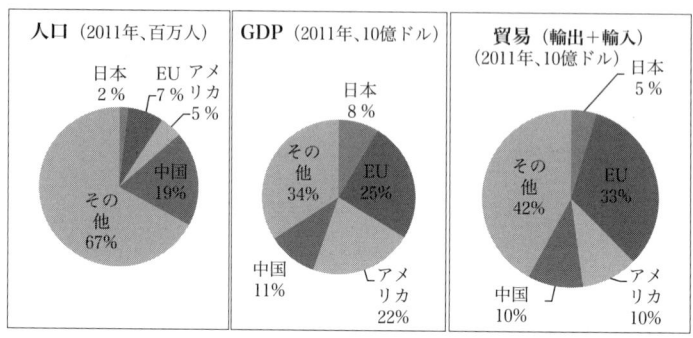

	人口 （2014 年、百万人）	GDP （2015 年、10 億ドル）	貿易（輸出＋輸入） （2014 年、10 億ドル）
日本	127	4123	1502
EU	508	16220	11821 （内、域内 7774）
アメリカ	319	17	3968
中国	1364	10983	4306
その他	4942	23898	15579
世界	7261	73171	37177

　出典：外務省「日 EU 経済情勢」2016 年 5 月

　日本との比較でいえば、EU は人口が 4 倍、GDP が約 4 倍、対外貿易額が 3 倍弱（貿易額全体では 8 倍弱）となる。EU 構成国の領土のうち EU が関与する領域の面積は、442 万 km² であり、日本の約 11 倍である。EU 加盟諸国と近隣の域外国との陸上境界線は、約 12,000km に及ぶ。海上の経済的な境界線をなす排他的経済水域も、地中海から大西洋や北海にいたるまで長く伸びている。

◇第2章◇ EU は何ができ、何をしてきたのか

EU の権限と活動成果の拡大

EU は、何ができ、何をしてきたのだろうか。できるかは能力や権限、してきたかは活動成果を主に問うている（なお、権限とは、指定された目的と範囲で行使できる権力のことである。たとえば消防士は、消火の目的と範囲でしか放水の権限をもたない。消防士が火事もないとき家に放水することは許されない —— 防災訓練は別として）。

EU は、基本となる条約（EU 条約と EU 運営条約）にもとづいて作られた組合なので、基本条約に定める目的と権限の範囲で能力をもち、目的と権限を超えて活動することは許されない（これは「**権限付与の原則**」と呼ばれる）。

とはいえ、EC 時代からすでに、ヨーロッパの単一経済市場を設立し、そこでの人々の活動の自由を保障するために EC は広い権限をもたされていた。しかも、その活動に不可欠な権限が EC 条約の明文になくても、EC 諸国すべての賛成があればそれを行使できるものとも定められていた。実際、基本条約にかかれていない政策分野についても EC は徐々に権限を行使するようになり、活動成果をあげていった。たとえば経済活動の結果生じる社会問題（環境保護、消費者保護など）に対処するためにも権限が行使され、成果が蓄積していった。のちに基本条約が改正された際に、そういう実績を追認する形で、環境政策など新たな分野の権限が条約に明記されるようになった。

1990 年代初頭に、冷戦後のヨーロッパに適合するために EU が創設され、このとき、経済領域を越えて、政治的な政策領域（域内警察協力、共通外交活動、安全保障など）でも活動する目的と権限を公認された（第 1 章参照）。こうして EU の目的と権限はさらに広がった。ただし歴史的にいえば、すでに EC 時代の拡大的な権限行使が相当に蓄積されていたため、その延長線上に認められた権限も多い。

EU は国家ではない

だが、いかに権限を広くもつといっても、現在でも EU は、国家のように領土内の人民に対して全面的な統治権力をもつ統治体制ではない。国家と違い、EU は絶対的な強制力をもたない。直接に人民を徴兵して直属の軍隊も警察も組織することはできない。直接に人民に課税することも（対外共通関税率の設定を除き）許されていない。固有の領土を画定したり、自ら国民を定義することも許されていない。こうした絶対的な強制権力は EU の各国が国家としてなしうることであって、EU にはそのような権力はない。たしかに EU をゆくゆくは国家にしたいと願う人もヨーロッパにはいる。だがそう願わないヨーロッパの人々も多い。EU が将来どのような統治体制になるかは、それ自体がヨーロッパの人々にとって、日々の政治課題であり、答えは人々の実践にゆだねられている（第 5 章参照）。

EU の活動成果 —— 法制度や政治に左右される

他方で、EU に権限があるといっても、それを EU がすべていつでも最大限に行使してきたわけでもない。EU の活動成果は、時期により、任務や政策領域により、大小さまざまである。理由もさまざまである。ときには EU に権限がありながら、行使するための政治が消極的だったからである。また EU の権限が狭い政策領域もあった。さらには外交や安全保障や防衛の分野のように EU として権限を行使し

にくい仕組みだった分野もある。

　しかも1990年代以降になると、EUは大部分の政策分野について「補完性原則」にもとづいて権限を行使すべきものとされるようになった。これは〈より大きな単位の社会は、より小さな単位の社会が十分にできないことだけを補完的に担当すべきだ〉というキリスト教（カトリックやカルヴァン派）の社会思想に由来する行動原則である。EUでいえば、EU諸国が個別にやるよりもEUでやるほうが政策の規模や効果の点でよいときに限り、EUが権限を行使すべきだという考え方となる。これが1990年代の条約改正でEU条約に「補完性原則」として明記された。さらに、2000年代の条約改正では、EUの権限の行使は目的の達成に必要な範囲に限るべきだという「比例性原則」も明記された。

　このようなわけで、EUの活動成果は、EUの法（権限の有無、範囲、補完性・比例性原則）や制度（権限行使の仕組み）に制約されてきた面もあれば、政治の積極・消極性に影響されてきた面もある。EUの制度については第3章で取り上げる。この章では、EUの主たる活動成果を見ながら、次第にEUの権限も拡大してきた過程を追ってみよう。なお以下では、歴史的にみて厳密にはECというべきときもEUと記し、とくに区別を要するときに限り、ECと記す。ECの活動成果と権限のほとんどがEUに継承され、概ね歴史的に連続しているからである。

（1）統合の原点──経済共同体の形成

　ヨーロッパ経済市場の創設　　EUの活動成果の中心は、ヨーロッパの単一経済市場の形成、そしてその市場での自由競争の保障にあった。それに関する権限が最も行使されてきた。現在もそうである。

　貿易の自由化は、第二次大戦後から今日まで、世界の大多数の国に共通する政策目標である。大戦直後の世界には、輸入品に対する関税や数量制限が残っていた。そこで世界の多数の国が 1947 年にGATT（関税と貿易に関する一般協定）を締結し、商品貿易の自由化を進めるために、数量制限を撤廃し、関税を段階的に引き下げていく合意をした。西ヨーロッパ諸国も GATT に参加したが、西ヨーロッパ地域については GATT よりもさらに進めて、物品だけでなくサービス貿易や投資など経済活動全般の自由化を進めることで、戦後の経済復興と恒久平和を達成しようと構想した。

　この構想を支えていたのは、自由市場経済の理論だった。各国市場より大きい市場をヨーロッパにつくり、あらゆる人と企業に経済競争の機会を平等に保障するならば、これまで以上に域内の需要に応じて適時に適量を域内でより効率的に供給できるだろう。その市場で自由競争は、需要と供給が均衡する最適価格をもたらし、資源のむだ使いも減り、効率のよい資源の配分が行われるだろう。こうして経済活動全般がさらに促進され、より大きな経済成長が期待できるだろう。このような理論である。

　そこで西ヨーロッパ諸国間で経済活動全般を自由化した「共同市場（Common Market）」を形成するために EC を設立し、必要な権限を EC に与えた。たとえば経済活動の自由化を進める EC 立法の権限、EC 設立条約に定めた自由化を進めない構成国を EC の裁判所で裁く権限、共同市場での自由な競争を妨げる諸企業を EC が取り締まる権限などである。これが今日の EU にも受け継がれている。

単一市場の形成

　「共同市場」は、EU 域内（＝ EU 諸国間）の経済活動の自由化と EU 域外（＝ EU に属さない諸国との関係）に対する共通政策の確立という二つの面からなっていた。域内では貿易障壁を取り払って自由競争を維持し、域外に対

してはEU諸国が団結してEU共通関税などの貿易障壁をGATTに反しない範囲で残しつつ、EU共通通商政策を展開するというのである。

　EU域内については、域内の国境を越えて商品・サービス・資本・労働力が自由に移動できる状態の達成が目標とされた。自由移動を実現するには、それを妨げる規制措置を取り払う必要がある。たとえば各国が輸入品等に課す関税や数量制限、サービス提供者に課す資格制限や免許制度、外国人労働者に対する出入国管理などである。これらの大部分はEU各国政府による規制である。そこでEUの基本条約（とくにEU運営条約＝旧EC設立条約）は、次のような基本原則を定めて構成国にはその原則を保障する義務を課した。またEUには必要な立法の権限を与えた。

○ EU域内を商品、サービス、資本、労働者が自由に移動できるという原則。（四つの自由）

○ EU法が関わる範囲では、国籍にもとづく差別は禁止される。（国籍差別禁止の原則）

○ EUは構成諸国の法規制の違いから自由移動が害されることを減らすために、各国の法を接近させる立法ができる。（調和立法の権限）

○ EUは共同市場を運営するためにその他の必要な立法をすることができる。（必要な立法の権限）

　EU域外の国（日本など）に対しては、EU諸国が団結してEUとして、共通関税を課し、共通通商政策をとるものとした。そこで、EUの基本条約は次のような定めを置いた。

○ 対内的には相互に関税を撤廃するが、対外的には共通の関税

を導入する。（関税同盟）

○ 対外的に EU が EU 諸国共通の通商政策を展開できる。（共通通商政策権限）

○ 通商に関する国際条約を EU は交渉し締結できる。（通商協定の締結権限）

　域外の国に対する EU の活動成果や権限は第4章で取り上げる。以下では、域内の活動成果と権限の拡大過程を概観する。

商品の自由移動 ── 関税障壁・非関税障壁の撤廃

　域内の共同市場の形成は、商品貿易の完全な自由化から始まった。商品の自由移動の原則のもとでは、EU 各国は他の EU 諸国からの輸入品を原則として制限できず、また国産品より不利に扱ってはならない。よって輸入品に関税や数量制限も課せない。内国税も輸入品と国産品に平等に課される。

　さらに商品の自由移動の原則は、関税や数量制限と同等の効果のある措置（＝関税や数量制限そのものではないが、域内輸入を阻害する結果をもたらす各国政府の措置）も原則として禁止した。いわゆる「非関税障壁」の多くも取り払われるべきものとされた。EU の裁判所はさらに 1979 年のカシス・ド・ディジョン（Cassis de Dijon）事件において、EU 内の A 国で適法に製造販売された商品は、原則として EU 内の B 国においても自由に流通できると認めた。しかし、同時に、EU 各国政府は、人・動植物の生命や健康の保護、脱税や不公正取引の防止、消費者保護などの公益目的での商品流通規制も正当にできることを認めた。こうして一方で域内の自由貿易が原則とされつつ、他方で各国の正当な流通規制も例外的に残りうるということになった。

　例外的に残る各国の規制のうち、どれを不当な規制＝「非関税障

壁」として取り払う対象にするのかは、実際には難しい問題である。何が「正当」な規制かをめぐり、EU では多くの裁判が起こされた。典型例を見てみよう。

【正当な規制ではないとされた例 —— 丸型マーガリン事件（1982 年）[1]】

　本件当時のベルギーの法律は、マーガリンは角型で販売しなければならないと定めていた。ドイツの丸型容器入りマーガリンをベルギーに輸入しようとしたところ、ベルギーの法律で輸入を阻まれた。ドイツの業者がこのベルギー法は、商品の自由移動を妨げるのでEU 法違反だと訴えた。ベルギー政府は、型を指定しないと、国内の消費者がバターとマーガリンを混同するから、マーガリンは角型で販売させているのだと説明した。ベルギーの裁判所から事案を付託された EU 司法裁判所は、ベルギーの法律は、EU 法違反だとした。商品の自由移動が原則で、それを制限する効果のある措置（ベルギーの法律）は例外である。原則が空洞化しないためには例外を狭く解釈しなければならない。よって制限効果のある措置が正当な例外かどうかは厳格に審査する。そこで制限をかける目的が正当か、目的を達成するための手段が必要な範囲を超えていないか、とくに目的を達成する手段が重過ぎないかを審査する。本件では、消費者を混同から保護するという目的は正当である。しかしその目的を達成する手段としてマーガリンの型まで規制する必要はない。ラベルでマーガリンと表示すれば混同は避けられる。手段が目的に比して重過ぎる（比例性を欠く）。よって本件のベルギー法は正当といえず、EU 法違反であると判断した。

【正当な規制とされた例 —— 強いお酒の販売規制事件（1982 年）[2]】

　マーガリン事件と同じ頃、ベルギーの別の法律は、アルコール度数が 22 度以上の強いお酒は、レストランなど公衆が集まる場所では販売も提供もしてはならないと定めていた。これはもともと第一次大戦直後にアルコール依存症の人が増えたため、そういう人を増やさないために作られた法律だったが、その後も長年維持されていた。この法律に違反して強いお酒を提供したレストランの店主がベルギーの裁判所に起訴された。店主は、ベルギーの法律があるために EU 内の他国の強いお酒を店で提供できず、ひいては商品の自由移動が妨げられるから、ベルギーの法律のほうが EU 法違反だと反論し

た。ベルギーの裁判所から事案を付託された EU 司法裁判所は、本件のベルギーの法律は正当な規制で EU 法違反ではないと答えた。なぜなら、この法律はアルコール依存者を増やさないという公衆の健康を保護する正当な目的をもち、しかも手段としても公衆が集まる場所での販売と提供を禁止するだけである。他の方法での販売や提供（酒屋で個人が買うなど）は禁止していない。よってこの規制は正当な目的を達成するために必要で、商品の移動を妨げる程度は低く、目的に比して重過ぎる手段ではない（比例性がある）と評価できる。ゆえに本件のベルギーの法律は正当で、EU 法に違反しないと判断した。

　マーガリン事件も強いお酒事件も、正当な公益目的（消費者を混同から守る、公衆の健康を守る）を達成する手段としての構成国の規制法が問題になった。裁判所はどちらの事件でも、構成国の法律が正当な公益目的を追求するか、目的を達成するために必要な範囲の手段となっており、手段が目的に対して重過ぎないか（比例性を欠かないか）を審査した。どちらも同じルールと方法で裁いた。二件の結果の違いは、手段の重さ（貿易制限効果）の違いから生まれた。マーガリン事件のほうは型の規格に合わないと輸入が一切できなくなる。強いお酒のほうは公衆が集まる場所以外での販売は許されるので輸入はまだできる。これが裁判の結果を変えた。一般に EU 司法裁判所は、輸入を一切阻止するような強い貿易制限効果をもつ措置の多くを EU 法違反としてきた。こうした判例が積みかさなり、1970-80 年代の不況のヨーロッパにおいても、共同市場の実現に向けて地道な前進が見られた。

非関税障壁の
さらなる削減へ

　しかし、判例は個別の事案への回答であるから、一般的に適用できるルールをそこから明確に導くことは難しい。しかも訴訟がなければ回答も出てこない。だから各国に残る不当な規制を判例の積み重ねだけで迅速確実に取り払うことはできない。

　それゆえ EU で一般的に適用できるルールを立法して、非関税障壁を削減することが望まれた。実際、EU には各国の規制を接近させ調和させる立法権限も与えられていた。だが、当時の運営の仕組みがその立法権の行使を阻んでいた。EC 設立当初、EC 各国は、その意思を離れて EC が独自に立法することを恐れていた。そこで EC が各国法を調和する立法をするときは、EC 各国の政府代表の会議（＝閣僚理事会）が全会一致で採択するものとしていたのである。全会一致方式では、１カ国でも反対すれば採択できないので、EU 各国は拒否権をもったようなものだった。EC 立法の採択は難航した。

　その間、1970 年代初頭の国際通貨の不安定や石油ショックなどにより世界経済は成長が停滞した。ヨーロッパの経済は、80 年代の初めまで長く停滞した。他方、日米は 1970 年代末までには経済成長を取り戻し、技術革新も行い、世界市場での競争力を強めていった。

ドロール欧州委員会
──1992 年域内市場統合

EC 諸国はヨーロッパ経済成長の回復のための新機軸を求め、1985 年にジャック・ドロール（Jacques Delors）を欧州委員会の委員長に任命した（右の写真）。直ちにドロール率いる欧州委員会は、1992 年末までに「域内市場の完成」をめざすという市場統合白書をまとめた。すなわち、域内市場には多くの非関税障壁が残る。分類すれば、「物理的な障壁」（国境検問など）、「技術的な障壁」（製品安全基準の違いなど）、「税の障壁」（付加価値税≒消費税の税率の違いなど）の三種類の非関税障壁が残る。EC の立法によりこれらを削減または調和させて単一市場を実現するとドロールは提案した。構成諸国も賛同し、1986 年に EC 設立条約を改正して、

市場統合計画の実現のために必要な EC 立法については、もはや全会一致をやめ、閣僚理事会における多数決（国別の加重票による多数決）で採択できるものとした。

　市場統合計画はおおむね成功した。1992 年末までにほぼ計画通りの 280 余りの EC 立法がなされた。商品の自由移動を妨げていた各国ばらばらの安全基準や製品規格なども、EU が最小限の基準・規格を共通に設定し、それを満たせば相互に流通できるのが原則となっていった。資本の自由移動は、この時期に実現されていった。労働者の自由移動は 1970 年代までに必要な法令は大部分が採択されていたので、労働者を越えて、労働しないが移動先の国に長期に滞在してもその国の財政負担にならないような人々（自分で生活する資金が十分あり、包括的な疾病保険に入っている人、退職者、学生）についても、自由移動と長期の居住を認める立法がなされた。

　しかし、計画通りにいかなかった面もある。とくに「税の障壁」の除去には失敗した。課税権は EU 諸国が手放さない権力の一つであり、EU の立法で制限されることを嫌った。またサービスの自由化は、金融業など一部の業界にとどまった。サービスの全般的な自由化は、2006 年のサービス指令と呼ばれる EU の立法をまたなければならなかった。

**自由競争の維持
—— EU 競争法**

　さて、各国市場を統合してヨーロッパの単一市場を作っても、自動的にそこで自由競争が実現するわけではない。A 町と隣の B 町が共同サッカー場を作っても、ファウルプレー（反則行為）のない試合が自動的に実現するわけではないのと同じである。サッカー場（経済市場）の整備と選手（経済主体）のプレーは別であり、選手はフェアプレーもファウルプレーもする。フェアプレーを確保するためにプレーを規律するルールと審判が必要なように、共同市場においても自由競争を保つため

のルールと審判が必要である。

　経済市場での自由競争を規律するルール、つまり自由競争を妨害する行為や自由競争市場の本来の機能を害する行為を取り締まるルールのことを「競争法」という。日本でいえば、独占禁止法が競争法の一つである。EU では、EU 運営条約（＝旧 EC 設立条約）に基本的なルールが定められている。補充ルールは EU の立法で追加されてきた。EU での審判役は、欧州委員会がつとめ、違反企業を摘発し、課徴金を課してきた。2004 年からは、違反調査の案件も増えたため、欧州委員会は EU 各国の競争法担当機関と分担して違反行為の取り締まりにあたっている。競争法の分野での欧州委員会の活躍はめざましい。

　自由経済市場でのファウルプレーの代表例は、競争相手の妨害である。

【マイクロソフト事件（2004 年）】

　本件では個人の PC 同士を結ぶネットワーク・サーバーの OS 市場での競争妨害が問題になった。サーバー OS 市場と個人 PC の OS 市場は別である（個人 PC ユーザーはサーバー OS まで買わない）。しかし技術的には緊密な関係がある。サーバーが個人 PC とネットワークをなすには、サーバー OS が個人 PC の OS と交信できなければならず、個人 PC 用 OS のインターフェイスがサーバー OS 開発会社に分からなければサーバー OS の開発ができない。

　マイクロソフト社は、個人 PC の OS 市場で独占状態に近いマーケットシェア（95％）をもっていた。サーバー OS の市場では、マイクロソフト社とサン社が競争していた。サン社はマイクロソフト社に個人 PC 用 OS のインターフェイスの開示を求めたが、マイクロソフト社は拒否した。サン社がこれを競争妨害として欧州委員会に告発した。欧州委員会は、マイクロソフト社が個人 PC の OS 市場での支配的な地位を濫用して、密接に関連するサーバー OS 市場の競争を不当に排除したと認定した。そしてマイクロソフト社に 4 億 9700 万ユーロ（約 646 億円）の課徴金を課し、必要なインターフェイスを合理的な条件でサン社に開示するように命じた（Case COMP/C-

3/37.792)。

　マイクロソフト社は欧州委員会の決定を EU の裁判所で争ったが敗訴した（Case T-201/04, Microsoft v. Commission［2007］ECR II-3601; ECLI:EU:T: 2007:289）。その後も命令に従った開示を十分にしなかったため、2008 年には欧州委員会から 8 億 9900 万ユーロの課徴金を課され、裁判で争ったが敗訴し、2012 年に 8 億 6000 万ユーロ（約 1290 億円）の課徴金が確定した（Case T-167/08, Microsoft v. Commission ECLI:EU:T:2012:323）。

　欧州委員会がもつ競争法上の権限は、1989 年に EU 合併規則が採択されたことでさらに拡大した。これは、企業と企業が合併することで自由競争状態をなくしてしまうような場合にも、欧州委員会が規制を及ぼせるようにした規則である。欧州委員会は EU 競争法の執行機関としてますます強力になった。

　EU 競争法は、こうした自由競争市場を維持するという競争法一般の特徴をもつ。だがそれ以外にも EU ならではの独自の特徴ももつ。共同市場を形成する目的に仕えるという特徴である。そこで欧州委員会は、共同市場に再び国境線を復活させて市場を分断するような企業の行為について、たとえその行為に経済的な合理性があったとしても、競争法違反としてきた。EU の裁判所もこの立場を支持している。次の事件が最初の典型例である。

【グルンディッヒ事件（1966 年）[3]】
　1960 年代初頭、ドイツの家電（ラジオ等）メーカーのグルンディッヒ社（G）は、EU 各国に一社の独占販売者を置く契約をし、各国の独占販売者には担当国以外では G 製品を売らない約束をさせた。フランスについてはコンスタン社（C）を独占販売者にした。さらに G はフランスの商標法にもとづき GINT 商標を登録し C だけにその商標を使わせた。商標権は、ブランドの信用を守るために、まがいものや商標権者の許諾なくそのブランドを勝手に使う者がいたとき、それを排除できる権利である。
　G と C の契約は、経済的には合理性があった。世界大戦の記憶が残るこの当時、ドイツの G がフランス市場に製品を売り込むことは容易ではなく、

フランスで積極的に販売してくれる人が必要だった。販売者Cがフランスでの販売に同意したとき、GはCがフランスでの販売促進活動に安心して出費できるように、CをG製品の独占販売者にし、またCに商標権を与えて他人の売り込みからフランス市場を守れるようにした。この工夫がなければ、Cの宣伝努力にただ乗りしてG製品をCより安く売る別の販売者がフランス内に登場するだろう。またそう予想できる限りCは販売促進に出費する気にもならないだろう。たしかにCにフランスでのG製品販売を独占させることでG製品のフランスでの販売競争（＝ブランド内競争）はなくなる。だがCが積極的に販売促進するなら、G製品とは別の家電メーカーの類似製品との間に販売競争（＝ブランド間競争）が増すだろう。だから競争は残り、消費者にも損はないはずだ。

　しかし、欧州委員会もEU司法裁判所も、GとCの合意をEU競争法違反とした。域内に国境がない共同市場においては、フランスでのG製品需要をC一人では満たせないとき、他国のG製品の販売者がフランスに売り込めてよいはずである。しかしGの各国独占販売者は他国に売り込まない約束をしていたから売り込まないだろうし、かりに売り込んだとしても、Cは、他国からのG製品にはGINT商標がついていないから、そういうG製品をCのGINT商標権を侵害すると訴えて排除でき、だれも売り込めない。この結果、G製品については、フランス市場が共同市場から完全に分断され、フランスではG製品販売者間の競争（＝ブランド内競争）がなくなる。これは競争制限であるばかりか、域内に再び企業が国境線を引き共同市場を分断するものであり、共同市場の形成に逆行する。だから違法だというのであった。

　この事案が示しているのは、EU域内の経済市場の統合という目標の重みである。上の事案では、GとCは、G製品の販売についてフランスの国境線に沿ってヨーロッパ経済市場を分割してしまった。これは経済活動において国境のない単一市場を作りだす目標に真っ向から反する。そのような行為はそれ自体が許されず、それを経済的な損得から正当化することも一切認められない。それほどの重みがもたされている。言い換えれば、EU競争法はたんなる自由競争の維持法にとどまらず、共同市場の形成を進める手段（共同市場の形成を阻害する行為を排除する手段）としても使われてきた。この点

の認識が甘い企業は、2000 年代に入っても同様の事件を引き起こしてしまう（2003 年ヤマハ事件 Case COMP/37.975 PO/Yamaha）。

共通政策 EU は、いくつかの経済活動部門については、各国の政策と制度を廃して、EU の政策と制度に置き換えて統一してしまう大胆な試みもしてきた。共通農業政策と共通通貨政策が代表例である。

共通農業政策 共通農業政策は EC 設立条約が予定していたもので、1960 年代末に、EC の対外共通関税が成立するのと並行して実現した。当時の共通農業政策の目標は、域外からの安い農作物の輸入は共通関税で防御し、域内の農産物については、市場価格を EU において一定に保ち、農家に経済的安定を保障することに置かれた。そこで市場の自由な価格競争どころかそれと正反

EU の財政支出（1958–2008 年）

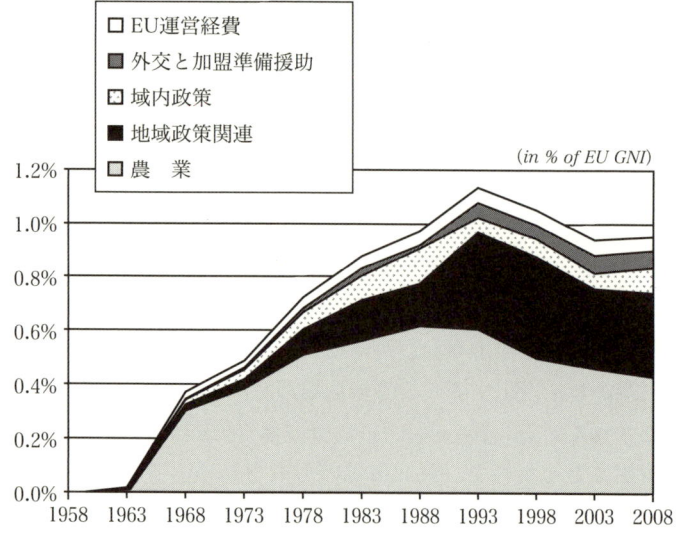

対に、EU が市場に介入して価格を人為的に一定に保つことを始めた（価格支持政策）。農産物が豊作で価格が暴落したときは EU が買い入れて値を戻す。凶作で高騰したときは EU が備蓄を放出して値を下げる。そういう価格操作を始めた。このような政策は、EU 内からみても、自由競争を原則とする共同市場での大きな例外であり、世界貿易からみればヨーロッパ農業の保護主義であった。

　買い入れや備蓄には膨大な費用がかかる。1970 年代には EU 予算の 90％前後、1980 年代には 80％前後が共通農業予算にあてられていた（左の EU の財政支出グラフ参照）。また価格操作の下では農家は作りすぎても損をしないので、農産物は一様に過剰生産に陥った。はやくも 1970 年代には「バターの山」「ワインの湖（うみ）」ができた。1980 年代にこの不合理を、自由競争論者のイギリスのサッチャー（Thatcher）首相が批判したが、農業部門を無視できない他国の抵抗も大きく、政策の改革は進まなかった。

　1990 年代に入り、農業部門の比重が大きい東欧諸国の EU 加盟が予想され、また世界的には GATT の後継の WTO（世界貿易機関）が設立されて農業補助金の削減が世界的な共通課題になってきた。こうして EU 諸国もようやく共通農業政策の改革に取り組むようになり、徐々に価格支持の対象品目を削減して農家への直接補助を行うようになっていった。また膨大な農業予算も削減された。削減分の多くは、「地域政策」（＝ EU 域内の経済発展の遅れた地域や都市に補助金を給付して地域格差を是正する政策）の予算へと転換された。

共通通貨政策　共通通貨政策は、各国通貨を廃止して EU 共通通貨ユーロに置き換え、「欧州中央銀行制度」（欧州中央銀行と各国中央銀行とのネットワーク）が、通貨供給量の調整など通貨政策を独立に（＝ EU 諸国政府からも EU の他の機関からも影響されずに）決定し実施するものである。政策の第一目標は「物価

の安定」である。

　単一通貨構想は、1970 年代初頭の国際通貨の不安定に接した際、今後の対策として EU 諸国間で出されていた。しかし、実現に向けて議論が本格化したのは 1980 年代末である。この当時、ドロール欧州委員会の市場統合計画のもとで資本の自由移動が実現し始め、商品移動の自由化も進んでいた。そこで単一通貨を導入すれば経済的なメリットがいっそう得られると言われた。たとえば、両替せずに域内を旅行できる。各国物価の差が一目瞭然となり価格競争が進む。企業はより広く資本を調達できる。投資家は為替変動がないので長期投資をしやすくなる。こうして経済全体もいっそう成長するなどである。

　しかし EU 諸国の決意を促したのは、むしろ政治的な要因だった。EU 諸国は、為替相場を安定させるために 1970 年代から通貨政策の協調を繰り返し、1980 年代にはドイツの通貨マルクを基軸にして各国の通貨政策が協調するようになっていた。ドイツの通貨政策が EU 諸国の通貨政策を事実上支配していた。それゆえフランスその他の国は、通貨政策を各国から EU の権限に移して諸国が共同で行使することにすれば、通貨政策への自国の影響力が取り戻せると考えた。またフランスは世界通貨ドルへの対抗軸としてのヨーロッパ通貨を永らく夢見ていた。他方ドイツは 1989 年のベルリンの壁の崩壊の翌年には東西再統一して大国となり、他国から脅威に感じられていたので、大国ドイツがそれでも欧州統合の盟約から離脱せず、むしろそれを推進することを他国に示す必要があった。そこで自国の通貨政策の中心にある「物価の安定」目標など経済的な前提条件を諸国が受け入れるならば EU に通貨政策権限を与えてもよいと譲歩した。

　こうしてマーストリヒト条約（1992 年署名、93 年発効）で共通通

貨政策がEUの権限に追加され、準備段階を経て共通通貨を導入することになった。まず、資本の自由移動を実現し、ユーロを用いる国が満たすべき条件（「収斂基準」と呼ばれる）を達成する。次に達成が確認された諸国間で為替レートを固定してユーロに移行するという手順である。「収斂基準」は、各国通貨の安定性（物価、長期金利、為替レートの安定）と各国財政の健全性を求めるもので、これらの基準を満たしたEU諸国は、自国通貨から共通通貨ユーロに移行しなければならないものとされた。

　ただしイギリスとデンマークは、ユーロへの移行義務を負わない。ユーロに懐疑的なイギリスは、条約交渉の際に共通通貨政策の導入には反対しないが、自国はユーロ移行義務を負わないという取引に成功した。デンマークは、1992年の国民投票でマーストリヒト条約の批准が否決されたため、同年末にイギリスと同様の特例をEU諸国に認めてもらい、1993年に再び国民投票を行って賛成をえてマーストリヒト条約を批准した。

　1993年にマーストリヒト条約が発効すると、EU諸国は条約に定めた通りの準備を進め、1998年には欧州中央銀行が設立された。1999年に、「収斂基準」を達成した諸国間で為替レートを固定して銀行間取引でユーロが導入され、2002年にはユーロ現金通貨が流通するようになった。現在、ユーロ使用国（ユーロ圏）はEU28カ国（右の図のグレーの諸国）のうち19カ国である（右の図の斜線の諸国）。

　通貨政策の権限はEUの欧州中央銀行制度に移されたが、

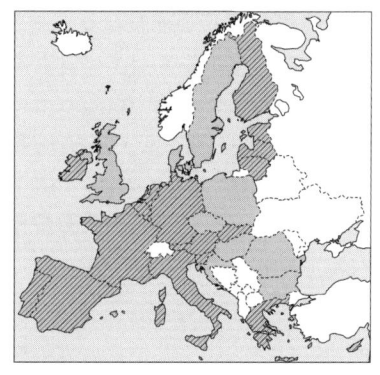

財政政策（＝税など国の収入源をどう確保するか、予算編成を通して国の支出をどうするかの政策）は構成国の権限である。ところが通貨政策も財政政策も景気調整の手段で通貨の流通量に関わるので、相互に関連させバランスをとるべき関係に立つ。そのため、ユーロを導入した諸国は、財政政策も自由に決定できるわけではなくなり、EU の共通通貨政策を害さない範囲で行わなければならなくなった。具体的には、国家財政の健全性基準（単年度の財政赤字がその国のGDP の 3% 以内であり、かつ政府累積債務がその国の GDP の 60% 以内でなければならない）を守りつづけることが求められ、この基準に違反した国は、「安定成長協定」に定める手続により制裁されるものとされた。また EU の基本条約には、欧州中央銀行も各国中央銀行も赤字財政国の国債を購入しないこと、EU も構成国も赤字財政国の債務を引き受けないことが定められた。

ユーロの導入から危機へ

ユーロの出だしは好調だった。ドイツ・マルクに代わる有力な通貨として世界市場での信認を早々と勝ち取った。ところが、ユーロ諸国の財政政策を規律することが難しいことがわかってきた。2002 年から 2004 年にかけて連年フランスやドイツが財政健全性基準を破った。安定成長協定の規定通り制裁されるべきであったが、EU 諸国は政治的判断で制裁手続を止めてしまい、安定成長協定のほうを改正して骨抜きにした。ユーロ諸国の財政政策に対する規律は実効を失った。

　そして 2007 年にはアメリカ発の金融危機がやってきて、これが連鎖的に各国の財政赤字を深刻にした。アメリカでは 2000 年代初頭の住宅ブームに乗って、銀行が返済能力の低い人々にも多くの貸付をしていた（サブ・プライム・ローン）。EU 各国の銀行もこうした貸付に間接的に関与した。2007 年にアメリカでは住宅ブームが消えてローンが焦げ付き、大手投資銀行が倒産した。ヨーロッパで

も銀行の経営が急に悪化した。EU 各国は自国の銀行を救うために財政支出をした。そのために各国は国債をさらに発行し、財政赤字をふくらませた。

2009 年にはユーロ国のギリシャの財政赤字が深刻であることが発覚し、ギリシャは国債を新規発行しても買ってもらえず、また既発行の国債の償還（＝国の借金の返済）も期日までにできない債務危機に陥った。同様の不健全な財政への疑いは他のユーロ諸国にも飛び火した。EU の基本条約は EU や欧州中央銀行や EU 各国の中央銀行が、財政赤字ユーロ国を救済することを禁じている。だが、だれかが赤字財政のユーロ諸国を財政支援しなければ、ユーロ制度の成立条件自体が崩れ、ユーロが金融市場での信認を失いかねなかった。2010 年には「ユーロ危機」と言われるようになった。

ユーロ危機対策 EU 諸国は会合を重ねた。ひとりイギリスは EU の権限拡大に断固反対した。そのため EU の基本条約を改正して財政赤字ユーロ国を救済できるルールに変えたり、救済財源を EU に新設したりすることは政治的に達成不可能だった。EU の基本条約の改正には、すべての EU 諸国の承認が必要であり、イギリスはこのルールを盾に取ったのである。しかしギリシャの緊急事態には即応しなければならない。

まずはドイツなど財政に余裕があるユーロ諸国が直接ギリシャに財政支援をした。次いで EU も天災などの異変で困難に直面した構成国を支援する権限にもとづいて小規模の基金をつくり、ギリシャを支援した。しかしこれらの支援では、ギリシャの債務危機は救えなかった。そればかりか、他のユーロ国にも財政危機が飛び火し、それらの国も支援しなければならなくなった。

そこで次にユーロ諸国は、諸国間で特別の財政支援基金会社を 3 年間限りで設立した。これは EU の制度の外にある臨時会社である。

それが IMF（国際通貨基金）とも連携して、ギリシャなど財政危機国に多額の財政支援を始めた。その後、この臨時会社を改変して、無期限に続く国際機構である「欧州安定化機構（ESM）」にした。ESM も EU の外に作られた機構である。ユーロ諸国は、EU という母屋（おもや）の増改築（＝条約改正）ができないので、庭先に離れ（＝ ESM）を作ってそこから支援したのであった。

これと並行して、EU 各国の財政政策を EU が厳しく監督する改革も進められた。監督は各国の毎年の予算編成の段階に及び、財政赤字を増やす予算案に対しては修正するように EU が勧告し、従わないとユーロ国の場合は制裁される制度を作った。また骨抜きになっていた「安定成長協定」についても、財政の健全性基準を破るユーロ国に対しては、現に制裁できる制度に戻した。このほか EU 各国のマクロ経済政策についても協調を高めるための手続が設けられた。

危機対策の代償
― 民主主義との緊張

こうして通貨としてのユーロの信用は崩れずにすんだ。しかしユーロを維持するために払った代償も大きい。EU 内の民意の離反、政治的な緊張である。それはこういうことである。

ユーロ危機に対処するために各国の財政政策が EU にいっそう厳しく監視されるようになった。しかし現実には EU 域内市場はいまだに真に単一の市場ではない。EU 各国の経済構造も成長率も大きな違いがある。ゆえに各国の財政政策を厳しい健全性の枠に一律にはめこむことは、経済構造の転換が容易でなく成長率の低い国の政府や国民には受け入れがたい（民意の EU からの離反）。しかも政治の上では各国に財政政策権限が建前としては残り、そして財政は各国議会の同意を得て（＝民意に即して）決定するという財政民主主義の原則にたっている。すると、財政赤字ユーロ各国の民意が求め

る自国の経済状況に応じた財政政策と、共通通貨政策を支える側（欧州中央銀行、EU 諸機関、財政支援国）が求める、その国のあるべき財政政策とは、大きく食い違いうる（赤字国と EU との政治的な緊張）。

　たとえば赤字財政のユーロ国 A と B は経済成長がなく多くの失業者がいるとする。ところが EU の通貨政策は、経済成長を続け失業者も少ないユーロ国 C や D を含めてユーロ圏全体のために展開されるから、A・B 国の個別状況には必ずしもマッチしない。ならば、A・B 国内の議会や政府が民意を受けて雇用創出のために積極的な財政支出（公共事業の展開など）を考えればよいかといえば、EU の赤字財政監視によりそれが許されない。ならば A・B 国の失業者が EU 域内の他国に自由に移動できるのでそうするかといえば、現実には高度技能者や専門職や独身の若者以外はほとんど移動しない。言葉の壁、子供の教育や親の介護などさまざまな家族の事情があり家族一同の移住も出稼ぎも、容易に決断できないからだ。結局 A・B 国は、共通通貨政策によっても、各国財政政策によっても有効な景気対策が打てずに国内の失業者を減らせない。他国にもなかなか人は移動しない。ただ国内に反 EU 世論が高まるばかりである（民意の EU 離反・政治的緊張）。そうなればなるほど EU 諸国の国民の広い支持を要する EU の基本条約の改正なども政治的に難しくなる。基本条約を改正して共通通貨政策の基本を変更したり、EU に財政政策権限の一部を認めたりすることは、ますます望めなくなる。現にユーロ圏内の財政赤字諸国の多くは、こうした状況に陥った。

　2014 年 5 月の欧州議会選挙では、こうした民衆のユーロ制度や失業の不満が噴出し、EU 史上初めて反 EU 諸政党が全議席の 13% ほどを占めるに至った。現在の EU は、通貨政策は EU、財政政策は各国という分業をつづけつつ、いかにユーロ圏内の赤字財政国の民意の EU 離反を招かないように、その国の財政赤字を解消させる

かという難問に直面している。

共通の社会問題への対処

EUの活動は、ヨーロッパの単一の経済市場をつくり、そこでの自由競争を確保することを中心にしてきた。しかし、経済競争の自由化には光と影がある。EU各国の国内業者は、域内の他国業者との自由な市場競争にさらされる。生産効率が劣ったり技術革新を怠ったりするなら競争に負ける可能性もある（倒産・失業）。競争に負けまいと企業が奮闘する結果、労働者が賃金すえおきでより長時間の労働を強いられたり、企業が別の企業に買収されて、元の企業の労働者が大量に解雇されたりするかもしれない（労働条件の劣悪化）。より安価な生産のために、天然原料から化学原料に乗り換え、それを使用した結果、排水により河川の汚濁が生じるかもしれない（環境破壊）。こうしたさまざまの社会問題が生じうる。必然的にEUは、共同市場の形成に伴い、国境を越えて共通する社会問題にも対処を求められるようになった。

社会政策

労働者の労働条件の向上や、職業訓練の推進などを行う立法や政策の権限、すなわち社会政策の権限は、ECの設立当初から付与されていた。ただし、この権限がEUに付与されたのは、当初は経済的な動機が主だった。共同市場をつくることで企業間の競争が激化したとき、労働者の賃金や労働時間など労働条件の公的規制がEU各国で異なるなら、規制の厳しい国の企業が競争上不利になる。それを防ぐためにEUに社会政策の立法権限を認め、EU各国共通の労働条件規制を導入すべきだ。そういう発想から権限が付与された。

典型例は、男女労働者の「同一労働同一賃金の原則」である。これは労働者の人としての基本権（とくに平等原則）の一つの表れのようにも見える。だが、EC設立当時はより経済的な理由でこの原

則が基本条約に入れられた。男女平等賃金を保障しない国の企業は、性差別賃金で人件費を削減でき競争上有利になるから、それを防ぐため、というのである。

　しかし男女同一賃金原則は、1970年代以降、EU司法裁判所の諸判決を通じて、労働者の生活水準の向上＝社会的目的もまた達するものとして理解されるようになった。そして1980年代以降は、むしろ人一般の基本的な権利である平等原則の一例として理解されるようになった。

　賃金以外の労働条件についても1970年代にEU立法がなされ、EU諸国に労働条件全般の男女平等待遇を保障するよう義務が課された。1980年代の市場統合期には、労働者の労働環境の改善のためにEUの立法がなされた。あるいは、企業が別の経営者に譲渡されても元の企業の労働者は解雇されないことを原則とする立法などもなされた。こうした一連の立法は、企業の競争条件の平準化よりも、人の尊厳・健康の保護や労働者の雇用安定化をねらっている。このようにEUの社会政策は、市場競争に奉仕する手段ではなく、市場競争が生み出す社会問題に対処する政策として、独自の意味と役割をもつようになった。

　しかし、社会政策をめぐっては、EU諸国間でも基本的に考え方の違いがある。とくに労働者の権利と経営者の経営の自由のバランスをだれがどのようなやり方でとるのかについては、EU各国で考え方も慣行も大きく異なっている。たとえばドイツは、労働者の権利を保護するさまざまの立法をしており、企業の経営に対しても従業員が意見を言える仕組みを法律で保障している。他方イギリスは広く経営者の自由を認め、従業員が経営に意見を言うことを保障する法はない。スウェーデンは、議会の立法ではなく、労働組合と経営者の交渉と合意により、労働条件を当事者自治により規律してき

た。このように労働者の権利と経営者の自由のバランスとりかたを
めぐっては、EU各国の慣行や考え方が異なる。そのため、EU諸
国の意見をまとめて労働者の権利や使用者の義務に関するEUの共
通立法をすることは容易ではない。EUは社会政策の分野において
立法権限をもつものの、実際にはEUの立法が男女労働者の平等待
遇、労働者の健康保護、労働環境の安全確保といった一定の事項に
とどまっているのは、そういう事情があるからである。

環境政策　EC設立当初、ECに正面からは権限が与えられておら
ず、それでも対処を求められて何らかの政策を展開し
てそれが定着し、後に条約が改正されて公式に正面から政策権限が
EUに認められるようになった好例は、環境政策である。

　1960年代末から環境汚染はEU各国においても国際的にも問題
となりはじめた。ヨーロッパでは当時、大気汚染がもたらす酸性雨
が国境を越えて他国の森林を破壊していた。1972年に国連では人
間環境会議が開催され、同年EU首脳サミットでも環境保護がEU
諸国の共通の関心事とされた。これを受けて1973年に欧州委員会
は第一次環境行動計画を策定した。しかし当時のEUには環境保護
に関する明確な政策権限が付与されておらず、EUは、各国法を調
和させるEU立法の権限（旧EC条約100条）やEUの活動に不可欠
な措置を取れる権限（旧EC条約235条）を使って、環境政策の立
案や立法を進めようとした。しかしいずれの権限による議決も、
EU諸国の全会一致による賛成が必要であった。そのため全会一致
を得ようとすれば大まかな合意となりがちであり、80年代前半ま
では、EUの環境政策は、法的拘束力のない「計画」や「ガイドラ
イン」にとどまった。その間、環境保護のための規制は、EU各国
が国内法で展開し続けた。

　1980年代半ばからドロール欧州委員会のもとで、域内市場の完

成がめざされるようになると、各国の環境規制のばらつきが、企業の競争条件の不平等に見えるようになった。域内市場では、商品・サービス、資本、労働者が自由に移動できるから、たとえば製造業の企業は、域内で環境規制が最も甘い国に工場を移転してそこで生産すればコストが削減できるかもしれない。しかしこれでは率先して厳しい環境規制をしてきた国は企業の転出（雇用減・税収減）の憂き目を見る。また転出先の環境規制の甘い国は環境がさらに悪化しかねない。

こうした経済的動機と国境を越える環境汚染への関心とが重なって、1986 年の条約改正時に、環境政策の権限が EU に初めて明文で与えられた。ただし環境政策権限は、EU 各国が個別に対処するよりも EU 全体で対処するほうがよいときにだけ行使すべきという制約のもとで付与された（補完性原則）。

EU の環境政策のアウトラインは 1980 年代後半に固まり、現在も継承されている。EU の環境政策の目的は、環境の質の保持向上、人の健康の保護、天然資源の賢明で合理的な活用と定められた。そのためにとる政策は、環境汚染の予防的行動をとる原則、環境汚染の発生源での防止の原則、汚染者が除去費用を負担すべき原則にもとづくものとされた。また EU の環境政策の立法案は、EU 各国水準のうち高水準のものを最低ラインとしなければならず、EU 各国は EU 立法がなされても、それよりも高い水準の環境保護を国内で展開できるものとされた。また EU の政策すべてにおいて環境保護の視点を組み込み、持続可能な発展の実現に貢献しなければならないとも定められた。

EU の環境立法は、1980 年代後半から増えていった。これに対応して国際舞台でも、環境保護に関する条約交渉において EU は存在感を示すようになった。ヨーロッパ諸国間の共通立法としての EU

立法をモデルとした国際条約案の提示も一定の説得力をもつだろう
し、EU 諸国が一丸となれば、経済規模においてアメリカに匹敵す
るため強い交渉力を発揮できるだろう。こうして EU は、国連にお
ける気候変動や生物多様性に関する条約などの交渉において有力な
発言主体となった。とくに域内の環境政策の諸原則のうち、予防的
行動をとる原則は、国際舞台においては、いわゆる「予防原則
(precautionary principle)」（科学的証拠にもとづく損害発生の危険の予
測が不確実な場合であっても社会的な政策判断として予防的に規制がで
きる旨の原則）として知られるようになり、国際社会において EU
の環境政策を特徴づけるものとなった。

　しかし EU の域内での環境政策も国際的な条約交渉も、EU 諸国
の意向を離れては成立しがたい。たとえば気候変動枠組条約の交渉
の過程で、欧州委員会は地球温暖化の原因となる二酸化炭素の排出
に対して炭素税を課す提案をした。しかし EU 諸国が反対し、撤回
せざるをえなかった。課税権は EU 諸国が頑なに留保する国家権力
であり、EU の炭素税の提案はその権力への浸食と警戒されたので
ある。現在でも、EU の環境政策立法において EU 各国の財政（税な
ど）に関係する条項があるときは、その条項は閣僚理事会（EU 諸
国政府代表の会議）での全会一致で可決されるものと基本条約に定
められている（＝各国の拒否権が残る）。

　他方、いったん EU 諸国間の合意が成り立てば、EU は日本など
の EU 域外の国にはない特徴や政策の実効を示すようになる。た
とえば気候変動枠組条約・京都議定書では、締約国は 2012 年までに
二酸化炭素等の温室効果ガスの排出量を 1990 年当時の水準より 8%
引き下げる義務を負った。日本は単独で 6% 削減義務を負うが、EU
は 2005 年からすでに EU 諸国間で排出権取引制度を導入しており、
EU 各国が個別にではなく、EU 全体として 8% 削減するものとして、

議定書を実施した。これにより世界に先駆けて 8％は達成し、進んで温室効果ガスの排出削減を 2013 年までに 1990 年比の 20％まで削減するといった目標も域内で合意した。加えて 2020 年までに太陽光や風力など再生可能エネルギー依存度をエネルギー消費量全体の 20％まで高めるといった目標も EU 諸国間で合意した。こうした域内での行動にもとづいて、EU は、気候変動防止や「持続可能な開発」に向けた政策形成など地球規模の環境問題対策のリーダーとしての存在感を増している。

消費者政策 EC 設立当初はその権限が与えられていなかったが、EC の活動成果が先に蓄積され、後に条約改正で権限が公認されるようになったもう一つの典型例が、消費者政策である。この面の EC の活動は、ヨーロッパの人々の日常生活に深く関わるものであった。

　第二次大戦後、欧米ではとくに製造業において急速に大量生産が広がった。個々の買い手は企業相手に画一的に量産された商品について、個別に品質や内容を交渉できなくなり、買うか買わないかの二者択一を迫られた。しかも商品の品質や危険性に関する情報が買い手に十分に伝えられないまま販売されたりもした。アメリカでは欠陥車事故が、ヨーロッパではサリドマイド薬害などが生じた。そこで買い手の生命や健康や経済的利益を守ろうとする消費者運動が 1960 年代にアメリカに端を発し、ヨーロッパや世界に広がっていった。

　この経緯が示すように、1950 年代に EC 条約が締結されたころ「消費者」に関する政策という概念は存在しなかった。しかしヨーロッパ各国も 1960 年代半ばから消費者保護を政策課題と考えるようになり、各国の国内で消費者保護を目的とした立法がなされるようになった。1970 年代になり、EU のレベルでも、消費者保護のた

めの活動計画が欧州委員会により立案されるようになった。しかし当初は EU での具体的な立法や政策措置には結びつかなかった。

　ようやく 1980 年代から、具体的な EU 立法が断片的になされるようになった。当時の EU の消費者保護立法は、経済市場統合を推進する手段と考えられていた。EU 各国の消費者保護立法がまちまちであると、国境を越えて商品やサービスが提供しにくい。また消費者も国境を越えての取引には不安が残る。だから各国の消費者保護立法をなるべく調和させる必要がある、という論理である。そこで 1986 年の EC 条約改正により、域内市場統合のために各国法を調和させる立法をする権限が EU に付与され、その立法を通して「高水準」の消費者保護を行うものとされた。

　1980・90 年代の立法は、対症療法的で断片的であった。大まかに類型化すると次のようなパターンが見られた。

○　個々の消費者が物やサービスを購入するとき、消費者に誤った判断をさせるような売り手の悪徳行為を禁じる立法がなされた。誇大広告や虚偽広告を禁止する指令、不当な契約条項を禁止する指令、適正な価格表示義務を課す指令などである。

○　買い手の消費者が、情報不足で正しい判断をできないか、軽率に判断してしまう状況で買ったときに、一定の救済を与える立法がなされた。製造物責任指令は、消費者の目にはわからない欠陥がある商品から被害をうけた消費者に、メーカーに対して直接に損害賠償を求めることを可能にした。訪問販売や通信販売では、口車に乗せられたり、衝動買いをしたりすることも少なくない。そこで、訪問販売・通信販売については、消費者に契約後の一定期間内なら理由を問わず解約できる権利（「クーリング・オフ」）を保障する指令が採択された。

（1）統合の原点 ── 経済共同体の形成

　1990 年代に EU が設立され、再び基本条約が改正されて、つい
に明文で、消費者の利益を推進し、高水準の消費者保護を目的とし
た「消費者保護」の権限が EU に付与された。消費者政策が（市場
統合の手段一辺倒ではなくなり）ようやく自律的な政策となった。具
体的には、消費者の健康、安全および経済利益を保護すること、消
費者が適切な情報を得るように措置をとること、消費者の権利に関
する教育を広めること、消費者が組織化してその利益を守ることに
ついて、EU が貢献すべきものと条約に定められた。

　これを機に、90 年代末から 2000 年代にかけて、従来の断片的立
法を整理統合して、より一般的な立法にするようになった。たとえ
ば適正価格表示指令は食品と非食品で別の指令だったが一本化され
た。また訪問販売や通信販売の各指令も、ネット販売に対応した改
正を加えて統合され、一本の「消費者の権
利」指令となった。

　さらに EU の他の政策（たとえば運輸政策）
と組み合わせて、消費者の集合的な利益を擁
護する立法も現れた。こうした立法も EU の
消費者政策の一環と扱われるようなった。そ
してこのような立法の中には、市場統合より
も消費者利益の伸長や業界への規律の強化を
ねらうものがでてきた。典型例が「航空旅客
の権利」規則である。

　　コラム：EU「航空旅客の権利」規則の喜悲劇

　2004 年の「航空旅客の権利」規則[4] は、EU 域内の空港から出発する旅
客、または EU 諸国の航空会社便で EU 域外から域内の空港に到着する旅
客について、下表の場合に応じた権利があることを定めた。なおこの規則
は、悪天候など航空会社の統制外の事態で生じた遅延やキャンセルは対象

とならない。無料特典や優待特典の旅客も対象とならない。

予約確認とチェックイン済みなのに満席で乗れないとき①②③の権利がある。	搭乗 14 日前から当日までに便がキャンセルされたとき①②③の権利がある。	搭乗便が 2 時間以上遅延したとき、[1] の権利、5 時間以上遅延したとき、[1][2] の権利がある。
①無料便宜提供 （食事・飲料、電話 2 通話・メール、宿舎と送迎）		[1] 無料便宜提供（食事・飲料、電話 2 通話・メール）＋（翌日フライトなら宿舎と送迎も提供）
②航空券払戻しおよび、帰路航空券または最終目的地へ別便提供。		[2] 5 時間以上の遅延のときは、航空券払戻し、および必要に応じて帰路航空券。
③補償金（1 人当たり） （ i ）　1500Km 以下…€250 （ii）　1500Km 超の EU 域内便、および EU 域内便以外の 1500Km 超 〜 3500Km 以下の便…€400 （iii）　上記（ i ）（ii）以外の全便…€600		〔補償金の規定なし〕

　このように EU 規則は、満席とキャンセルの場合には補償金が出るが、遅延の場合は出ないかのように規定していた。これだけでもヨーロッパの航空会社には、航空運送の国際条約よりも負担が重くなっていた。
　ところが EU 司法裁判所は、遅延の場合についても、旅客の権利を伸長し、航空会社の負担を増す解釈をした。ある事案で、遅延のときは補償金がまったく出ないのかと問われて、EU 司法裁判所は、上記の EU 規則のもとでも、3 時間以上の遅延には補償金がでると答えた（Sturgeon 事件（2009））[5]。
　裁判所は次のように述べた。キャンセルも遅延も、旅客からすれば時間を無駄にされる不便は同じである。ところが規則はキャンセルか遅延かで旅客の権利を違うものにしている。もしその区別に合理的な理由がなければ、同じ立場の者を差別しており、平等原則違反である。現にキャンセルと遅延を区別する合理的な理由はない。この規則が対象とするキャンセルも遅延も、いずれも航空会社に起因するものだからだ。ところで EU 規則は、補償金について、細かくは、キャンセルされた搭乗便の出発時刻 1 時間前から出発時刻までに出発する別便を手配され、かつ目的地に 2 時間未満の遅延で到達した旅客には出ないと定める。つまり規則の趣旨は、搭乗便をキャンセルされて 3 時間以上の時間の無駄をさせられた旅客には補償金が出るということである。ならばこの客と搭乗便が 3 時間以上遅延し

た客は被った不便は同じであるから、同じ権利をもつと解釈すべきである。
よって3時間以上の遅延の客についても補償金を得る権利がある、と。
　この判断は、旅客には朗報、航空会社には悲報となった。規則の改正を
求める声もあるが、難航している。

たしかに「航空旅客の権利」規則は、EU域内の消費者集合の利益
を伸長する立法で、消費者政策の一環といえる。だが航空会社から
みれば、遅延やキャンセルをすれば補償金という名のペナルティ
（金銭的負担）を科されるのと同じである。このペナルティはどの
ヨーロッパの航空会社も同様に科されるから、大会社より薄利で価
格競争を仕掛けていた中小の格安航空会社ほど打撃が大きい。つま
り、このEU規則は航空サービス競争を促進する立法ではない。む
しろ、消費者の権利主張をテコにして航空会社に定時運行への圧力
をかける仕掛け、つまり業界へのシツケ（＝規律）立法である。こ
のように今日のEUの消費者政策は、他の政策とも組み合わされて、
市場統合よりも特定業界を規律する手段となることもある。

（2）統合の新展開 ── ヨーロッパ政治社会の想像と創造

生産要素から人間へ

EUの活動は、ヨーロッパ単一経済市場の形
成や、それに付随する社会問題への対処を
こえて、1970年代からじわじわと政治的な領域へも広がっていった。
今度はその面の展開史を追ってみよう。これは、なにより人に対す
るEUの関わり方の変遷から、最も明瞭に読み取ることができる。
　その変遷を端的にいえば、

○ 人を経済生産の要素＝労働力と捉える立場（EC時代）から、
○ 人を経済活動と無関係に人として捉える立場（EU時代）への
　変化であった（脱経済化）。

これを法的権利の面から表せば、EU 諸国の国民に対して、

○ 〈労働のために域内を自由に移動し居住する権利〉を保障する
　EC から、

○ 〈労働と無関係に域内を自由に移動し居住する権利〉と〈「EU
　市民」としての政治的な権利（欧州議会の選挙権など）〉を保
　障する EU への変化である。

労働と権利が切り離されていく点、また政治的な権利が認められて
いく点が変化の相である。

1950-70 年代：人＝労働者　　1950 年代に EC が設立されたとき、
経済共同市場の実現のために、域内
での商品・サービス・資本の自由移動に加えて、「人」の自由移動
も目標に掲げられていた。当時の EC は「人」を労働力として捉え
ていた。そこで EC 条約は、労働者（被用者・自営業者・サービス提
供者）と法人（会社など）だけに、域内の他国への自由移動権・居
住権を与え、移動先の国（受入れ国）での国籍差別の禁止を保障し
ていた。

　しかし労働者も人であり、労働力とばかり割り切ることはできな
い。労働者には扶養家族があり、移動には家族を同伴したいのが人
情である。同伴できなければ移動を諦める労働者も多いだろう。こ
うした実践的また人道的な考慮から、EU は、被用者（会社員のよう
に、人の指揮命令のもとで働き賃金を得る労働者）の移動に関する
1968 年の EC 規則において、被用者の家族にも、被用者に随伴し
て域内を移動し居住する権利を認めた。この規則は、家族について
は、労働しなくても移動居住権をもつことを前提としている。だか
ら家族が受入れ国で労働する権利をわざわざ規定し、また被用者の
子供が受入れ国で教育を受ける権利も定めた。1970 年代の後続立

法で、被用者以外の労働者にも同様の規定が置かれた。また年金や労働災害給付など社会保障給付についても、労働者と家族の受給権が移動に随伴するように、EU 諸国間で扱うものと定めた。さらに労働者本人が受入れ国で亡くなったときも、遺族たる家族は（労働しなくても）受入れ国に居住し続ける権利も認められた。このようにEU は比較的初期から、労働者の家族という労働と直接には関係のない人にも関わりを持ってはいた。

　皮肉なことに、1950-70 年代当時、こうした権利保障とは無関係に、労働力としての人は、むしろ EU 域外の周辺国から大量にきていた（下図は 1945–73 年の移民の流れ）。トルコやアルジェリアから、あるいは当時 EU 未加盟だったギリシャ、スペイン、ポルトガルから、域外国の人々は戦後復興・経済成長のめざましい EU 域内へ到

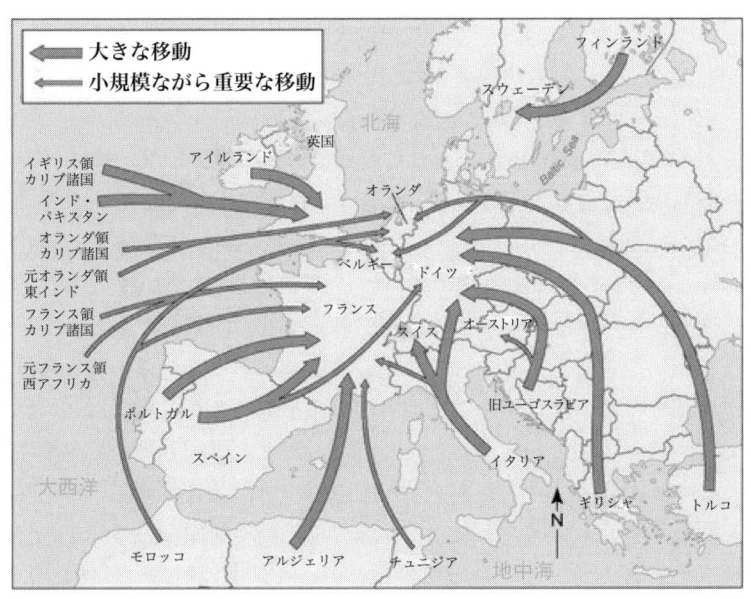

来し、多くの単純労働についた。域外からの移民は、受入れ国（独仏など）の法により規制され、EU 法の対象にはならなかった。

　他方、その当時、EU 域内の労働者の移動は、イタリア南部からドイツに向けて見られたが、ほかは微々たるものであった。なにより域外周辺国に比べれば、域内には絶対的な貧困が少なかったからである。国の言語の違いも移動の壁であった。言語の違いは今でも壁である[6]。

　1960-70 年代当時は、別の移動の壁もあった。専門職・技能職の労働者は、医師・弁護士から美容師・教師にいたるまで、EU 各国が国家試験等をして資格や免許を与えているものが多い。当時、母国で得た資格や免許が移動先の国で自動的には承認してもらえなかった。これが移動の壁となっていた。ドイツの医者はフランスで医者と承認されないなど、医師や獣医や薬剤師など普遍的知見にもとづく資格ですら他国での承認は進まなかった。受入れ国の政府や関連業界が、外国人労働者の参入に消極的だったからである。

　EU は専門職・技能職の労働者の自由移動権を実効あるものにするために、1960-70 年代にかけて、資格の最低基準を統一する法案を専門職・技能職ごとに数多く提出した。しかしことごとく立法に時間がかかり、多くが 70 年代後半までずれ込んだ。建築士資格指令などは 1967 年に法案が出され、18 年後の 1985 年に採択される始末だった[7]。しかも、この立法があっても、移動はなお自由ではなかった。立法が定めたのは共通の最低基準だったから、受入れ国が自国の特殊事情を理由に追加的な試験を課したり、試験以外の面で専門職の活動に制約を課したりした。たとえば 1 弁護士 1 事務所という制約は、多くの弁護士に本国の事務所に加えて他国の事務所を開設することの妨げとなり、弁護士の移動や他国でのサービス提供を妨げた。さまざまの職種の人々がさまざまの壁につきあたり、

1970年代以降、受入れ国の規制や制約をEU法違反だと訴えて、各国の裁判所に訴訟を起こすようになった。

> 1980-90年代：人＝労働者＋α

こうした訴訟に接して、EU司法裁判所は、労働者の移動の壁についても、労働者以外の人の権利についても判断せざるをえなくなった。

　各国の裁判所の訴訟で登場したEU法上の問題は、各国の裁判所からEU司法裁判所に付託される。EU法はすべての構成国に共通なので、各国の裁判所がまちまちに解釈してはならず、EU司法裁判所が統一的な解釈を示す必要があるからである。EU司法裁判所の解釈を得て、それをもとに各国の裁判所が判決を下す（裁判の仕組みは第3章参照）。

　EU司法裁判所は一貫して、労働者の自由移動権や受入れ国での国籍差別を受けない権利を広くかつ実効的に保障する判断を行った。さらに厳密には労働者ではないがそれに準じるといえる人や、明らかに労働者とはいえない人にも、一定のEU法上の権利があることを示しはじめた。典型例をいくつか簡単に紹介しよう。

【アントニセン事件[8]】
　イギリスに就職活動に来て2年半しても無職のベルギー人が違法薬物所持で国外退去命令を受けた事案で、このベルギー人は、自分は就職活動中（求職者）だから労働者みたいなもので、だから域内の移動・居住の自由があり、国外退去は違法だと主張した。EU司法裁判所は、EC条約は広く労働力の移動を目的とするので求職者も労働者に準じて移動と居住の権利があるといえるが、ただし、求職に合理的な期間（6カ月程度）に限られると答えた。

【ルイジ＆カルボネ事件[9]】
　（まだユーロがなかったころ）観光や湯治のためにフランスやドイツに長期行きたかったイタリア人が、旅行資金の送金をイタリア政府に制限されて行けなくなった事案で、当時のEC条約はサービスの「提供者」に自由移動・居住権を与えるが、サービスの「受領者」にも同じ権利があるのかが問

題となった。EU 司法裁判所は、観光客や湯治客も対価を払ってサービスを受けるならサービスの受領者であり、サービスの提供者と同様に自由移動・居住権があると答えた。

【カウワン事件 [10]】

　フランスは国民が国内で犯罪の被害をうけたとき公的財源から補償金を支給していた。フランスを観光中に強盗に襲われたイギリス人が、その犯罪被害者補償金の給付を求めて拒否され、それが EU 法違反だと訴えた。このときサービスの受領者たるイギリス人観光客もフランス人向けの犯罪被害者補償金を受けうるかが問題となった。EU 司法裁判所は、補償金を国籍差別なく受ける権利があると答えた。移動の自由とは安全に移動する自由のことであり、受入れ国で安全が侵されたときに補償金が出るのならば、それを受ける権利も移動の自由から派生すると裁判所は述べた。

【グラヴィエ事件・ブレゾー事件 [11]】

　ベルギーの大学は、事件当時、授業料を自国民の学生には無料、外国人学生には有料にしていた。ベルギーの公立美術学校や大学医学部に入学したフランス人学生らがこれを国籍差別だと訴えた事案で、学生は労働者ではないから EU 法の対象にならず、よって国籍差別を受けない権利を主張できないのかが問題になった。しかし、EU 司法裁判所は、美術学校や大学医学部の学生は、その教育が専門職に直結しており職業訓練といえるから、労働者に準じて EU 法が適用され、受入れ国での職業訓練の機会＝授業料について国籍差別のない待遇を受けることができると答えた。

こうして EU 司法裁判所は、労働者に準ずる人（求職者、美大・医大生）や、労働者ではない人（サービス受領者たる観光客・湯治客）の権利保障にも関わるようになっていた。とくにサービス「受領者」本人は労働力ではなく、他人のサービス労働を対価を払って消費する側であるから、日常の消費生活者といいかえてよい。つまり判例の到達点は、日常の消費生活者に自由移動・居住権や国籍差別を受けない権利を認めたのも同然となった。これは人＝労働力としてその範囲で自由移動権を与えていた EC 条約の原点を覆しかねない。構成国政府や EU 機関は立法または条約改正など、何らかの政

治的対応を迫られた。

　それは 1980 年代後半のことであり、ドロール欧州委員会が、域内市場の完成をめざし、人の自由移動も推進していた時期でもあった。判例の新展開に接した欧州委員会は、さっそく三法案を提出し、1990 年に採択された [12]。三立法は、労働者以外の人であって、十分な生活資金をもつ人（有資力者）、退職した人（退職者）、学生という三種類の人々に、それぞれ自由移動と居住の権利、受入れ国で国籍差別を受けない権利を認めるものであった。ただし、いずれも十分な生活資金をもち、包括的な疾病保険に加入していることが条件であった。学生はそれに加えて高等教育機関（大学など）の在籍も条件とされた。

　この立法がつけた条件は、EU 諸国の懸念を反映していた。判例が到達した、日常の消費生活者に移動権を認める状態のままでは、わずかな旅費だけで受入れ国に移動し、あとはその国の生活保護給付など社会保障給付を頼るような人＝受入れ国の財政的負担となる人まで移動して来かねない（カウワン事件の論法をとると、移動の自由は安全に移動できる自由なのだから、受入れ国で生活に困窮して生命の危険が生じることを避けるためにそこの国民に生活保護給付があるなら、そこの国民と国籍差別なく同等に他国からの移動者もそれを得られるはずだということになりかねない）。欧州委員会は、この懸念にさきの生活資力と保険加入の条件を課すことで応えつつ、統合推進のためにより広く人の自由移動を認める法案を出したのだった。1990 年の三立法により、生産要素＝労働力となる人に権利を与える EC の原点は、いずれ放棄される運命となった（EC の脱経済化）。

シェンゲン協定：警察・域外移民管理の協力ネットワーク　同じころ、もう一つ重要な展開があった。域内国境での人の出入国管理を廃止する動きである。欧州委員会もこの廃止を提唱していたが、

国境管理は移民政策や警察活動にも深く関わるため、イギリスなど廃止に反対する諸国も残った。しかも当時の EC には警察分野の政策権限はなかった。ゆえに EC での合意はならなかった。

とはいえ、国境が陸続きの諸国にとっては、人の移動の自由化への流れの中で、この政策課題は切実さを増していた。そこで 1985 年、ベネルクス三国とドイツ、フランスは 5 カ国間で国際条約（シェンゲン基本協定）を締結した。5 カ国は、域内国境管理を廃止する代わりに、各国警察や出入国管理当局の間の情報共有や捜査協力を強化し、かつ各国の対外的な移民政策をできるだけ共通にしていくことを約束した。1990 年に約束の内容を具体化するシェンゲン実施協定が締結された。実施協定により、5 カ国間では域内国境管理が原則として廃止され、「シェンゲン情報システム」（各国データベースのネットワーク）が構築されて各国警察・出入国管理当局に犯罪者や域外からの移民の個人情報が共有され、また犯罪者の追跡や引渡しについて各国警察間の協力が進められることになった。1990 年代後半以降、他の大陸側諸国や隣接する域外国スイス、アイスランド、ノルウェーなどもシェンゲン諸協定に参加した（表紙の裏参照）。

シェンゲン諸協定は、EU の活動に密接に関係するが、EU では（合意がならず、または権限がなく）できないことを、一部の EU 諸国が EU の外で国際条約を結んで先行して実現したものといえる。

その後 1992 年の EU 条約で、EU にも警察協力や対外移民政策の権限が付与され、EU においてシェンゲン諸協定と同様の立法ができる体制になった。そこで 1990 年代末の EU 条約改正で、EU がシェンゲン諸協定を取り込んで引き継いだ。こうして EU は、自前の警察こそもたないものの、各国警察のネットワークを整備することで警察分野に関与するようになった。

（2）統合の新展開 —— ヨーロッパ政治社会の想像と創造

1990-2010 年代：人＝市民　　1992 年の EU 条約（マーストリヒト条約、1993 年発効）により EU が設立され、公式に外交・安全保障分野や警察・司法・域外からの移民規制分野にも EU として活動する権限が認められた。マーストリヒト条約は、人との関わりでは、従来の EC の脱経済化を超える、質的な跳躍をもたらした。すなわち、EU 諸国のあらゆる国民は自動的に「EU 市民としての地位（Union citizenship）」をもつものとした。この地位には、少なくとも次のような権利が伴うと定めた（当時のEC 条約 17 条以下＝現 EU 運営条約 20 条以下）。

○ EU 域内を（経済活動と無関係に）自由に移動し居住する権利
○ 移動先の国の国民と同一の条件で、欧州議会選挙と自治体選挙に投票し立候補する権利
○ 自国の外交使節（大使館等）がない EU 域外国において、他のEU 構成国の外交使節に保護を求める権利
○ 欧州議会へ請願する権利、EU オンブズマンへ苦情を申し立てる権利
○ EU の公用諸言語のどれかで EU の機関・諮問機関と交信し回答を受ける権利

　EU と人の関わりの質的な跳躍は、なにより参政権など政治的な権利（下線部分）を認めた点である。また、自由移動・居住権についても、経済活動と無関係に、EU 市民でありさえすれば自動的に発生するとした点である。
　政治的権利は、一定の区切られた範囲の人間社会を想定し、その社会に属する人だけに与える権利であり、その権利を行使して人々は社会としての決定に参加する（政治社会の成立）。EU 市民としての地位の創設は、まさにこれである。EU という人間社会を想定し、

それに属する人＝EU 諸国の国民に EU 市民としての地位に伴う権利（参政権や請願権など）を認め、人々がその権利を行使して EU の政治的決定に参加する（立法に関与する欧州議会の議員を選出する）ことを期待している。たとえばスペインのバルセロナ市に移住したスウェーデン人家族の 18 歳の少女は、バルセロナで欧州議会選挙の投票権をもち、またバルセロナ市長選挙にも投票できることになる。少女は、バルセロナで欧州議会選挙に投票するとき、自分を「ヨーロッパ人だ」と感じることだろう。少女が感じているのは、EU という政治社会である。それは当初は単なる想像上の存在かもしれないが、投票を繰り返していけば、現実に創造されていく。「EU 市民としての地位」とその権利は、こうして EU という政治社会を想像し創造する道具となる。

　自由移動・居住権にしても、これまでの脱経済化とは質的に異なる。脱経済化の過程では、労働者から日常の消費生活者へ、三類型の人々へと、自由移動・居住権などが広く認められていった。だが権利の発生には、何らかの経済行為（サービス受領と対価支払いなど）や経済条件（「十分な生活資金」と「疾病保険加入」）が必要とされていた。これに対して「EU 市民」の自由移動・居住権は、経済的な要素とは関係なく、EU 構成国の国籍さえあれば発生する。国籍をもった人の存在から発生する。極端にいえば、労働力も資力もないベルギー国籍の乳児にも自由移動・居住の権利が生じるのである（実際に権利を行使するかどうかは別問題として）。権利が発生するだけでも大きな意味をもつ。次の事例が如実に示している。

【サンブラーノ事件 13)】
　本件では、コロンビア人夫婦が南米の母国の内戦を逃れてベルギーで難民認定の申請をし、審査を待つ間にベルギーで子をなした。夫婦は子の出生届をコロンビアにしなかった。ベルギーもコロンビアも国籍取得については血

統主義（子供の国籍を血筋で決める方式）をとり、また出生届が必要であった。夫婦は出生届をコロンビアにしなかったから、子はコロンビア国籍が取れず、また夫婦はベルギー人ではないから子はベルギー国籍もとれない。このままでは子は無国籍となりかねなかった。ただしベルギー法は出生した子が無国籍となる場合に限り例外的に、無国籍者の発生を防ぐため、ベルギーで生まれた新生児にベルギー国籍を与えていた（特例としての出生地主義）。そこでコロンビア人夫婦に生まれた子は、ベルギー国籍を正当に取得した。

　他方、ベルギー政府は、夫婦の難民認定を拒否し、夫婦に EU 域外への退去を命じた。そこで夫（＝子の父親）がベルギー政府を訴えて言った。自分の子はベルギー国籍をもつから EU 市民である。EU 市民が自由移動・居住権を行使できるようになるために、親は子のいる場所に居住し労働して子を扶養する必要がある。それが認められなければ、親子そろって EU 域外に退去せざるをえなくなり、子の EU 市民としての権利は有名無実になる、と。

　EU 司法裁判所は、父親の主張を認めて述べた。EU 市民としての地位は「基本的地位」である。ゆえに EU 構成国は、EU 市民の地位から生じる権利の実質の現実の享受を奪う措置をとってはならない。ベルギーから親を退去させ、またベルギーで親に労働させないならば、親は子を連れて EU 域外に出ざるを得なくなる。その結果、子は、EU 市民としての権利の実質を現実に享受することを奪われてしまう。だから、ベルギー政府は、親を域外に退去させることも許されず、親の労働を制限することも許されない、と。

　このように EU 市民としての地位は、EU 構成国の国籍がある乳児にも発生する。そして、その権利は「基本的」なものとして実効あるべく強く保障される。そこで、EU 市民たる乳児を扶養する域外国民の親にまで乳児と同居して労働する権利が派生すると EU 司法裁判所は認めた。これほどまでに EU 市民としての地位は強固に保障される。権利は存在するだけで十分に意味をもつ。そしてこの夫婦の乳児はやがて長じたとき、人道的な EU 市民社会の存在を感じることであろう。EU 市民の地位の創設は、脱経済化を超えて、EU という市民社会を想像し創造するものになりうる。

　一方 EU も、1990 年代末以降、外交・安全保障分野の活動も、次第に展開するようになった（第4章参照）。そのころシェンゲン諸

協定も EU 法に編入され、EU は警察分野や対外的な移民政策の共通化にも関与しはじめた。

こうして EU は 1990 年代末から、長期目標を市場統合に代えて「自由・安全・正義の地域」づくりとした。

2000 年代に入ると、警察面では 2001 年 9 月 11 日のアメリカでの同時多発テロ、その後のヨーロッパ主要都市でのテロに接し、対策の一つとして「欧州逮捕令状」の制度を導入した（第 1 章参照）。また現在の EU は、テロ対策措置として、テロ活動家や支援者を特定し、その人物や会社の資産を凍結する措置もとっている（第 4 章参照）。

いまや EU は、域内の人々に対しては「EU 市民としての地位」を保障してヨーロッパ単位の市民社会を築く手がかりを与え、域内の治安や安全保障についても各国警察・軍事能力のネットワーク化や相互連携を図り、ヨーロッパ単位の社会空間を保護しようとしている。

共通難民政策の苦渋　その一方で、2010 年代に入ると EU は域外（とくにシリアやアフガニスタンの内戦）からの大量の難民流入に接した。これはユーロ危機に次いで EU の重大な政策課題となった。しかし EU において採択された対応措置は未だ限られている。難民や域外からの移民の受入れをめぐっては EU 各国の立場や国内政治情勢の違いなどから意見が対立し、EU 全体としての措置の採択は難航しがちである *。

　　＊国際法にいう「難民」とは、人種、宗教、国籍、特定の社会集団所属または政治的意見を理由に迫害を受ける恐怖をもつ十分な理由が客観的にあって母国外にあり母国の保護を受けられないか受けたくない者、そして無国籍者で同様の者を指す（1951 年国連難民条約・1967 年議定書）。EU 諸国はこの国際法上の「難民」

に加えて、EU 法において「補充的保護」を要する者（戦争等で
生命身体への危険があり母国外にあって母国の保護を受けられな
いか受けたくない者）も難民に準じて保護している。以下は補充
的保護を含めた難民等に対する EU 諸国の対処状況である。

　歴史を振り返れば、難民の庇護はもともと EU 各国が個別に取組
んでいた（そして今でも難民庇護の多くの面は各国が個別に行っており、
EU が扱うのは一部の局面にすぎない）。1980 年代半ばに、EU の一部
諸国が、EU の制度の枠外で、諸国間だけの国際条約であるシェン
ゲン協定（1985 年基本協定・1990 年実施協定）を締結した。その諸
国間＝シェンゲン圏の内部国境での出入国管理を廃する代わりに、
シェンゲン諸国の対外国境において共通の移民規制制度を築くこと
に合意した。このとき難民は扱われなかったが、難民の庇護手続の
共通化も同時に関心事となった。そこで 1990 年、やはり EU の枠
外でシェンゲン諸国など有志の EU 諸国がダブリン協定を締結した。
ダブリン協定は、難民庇護申請の共通処理手続を定めるもので、協
定諸国を一つの広域エリアと捉え、庇護を申請する者は広域エリア
内の一国にしか庇護申請できず、審査担当国の難民認定が協定諸国
すべてに共通の認定となるものとし、難民認定の審査担当国を決め
るルールを置いた。

　ところがダブリン協定が未だ発効しない間に、東西冷戦が終わり、
多種の民族が混在するユーゴスラビアにも小国独立の動きが次々に
生じ、その過程でボスニア・ヘルツェゴビナ紛争が勃発し（1992-95
年）、民族的迫害から大量の難民が発生した（本書第 1 章）。EU 各
国はそれぞれ国連難民条約・議定書と自国法にもとづき難民を庇護
するほかなかった。この経験から 1997 年に EU の基本条約が改正
されたとき、シェンゲン協定とダブリン協定の内容を EU 法に取り
込むことを可能にする規定がおかれた。ところがその改正が発効す

るまでの間にも、旧ユーゴスラビアのコソボで民族紛争が生じ、再
び難民が発生した（1998-99 年）。

　ようやく 1999 年にその基本条約の改正が発効し、EU 諸国が EU
の下で共通の難民政策措置をとる法的基盤が整った。これを受けて
2003 年にダブリン協定の内容を EU 法に取り込み、EU 諸国全部の
共通法にするために、EU 規則（ダブリン II 規則[14]）が採択された。
この規則の下で、EU 域内は一つのエリアと捉えられ、そこの一国
にしか難民は庇護申請ができず、難民認定審査は、難民が EU 対外
国境到達前に庇護申請手続をしていたときはその申請先国、EU 域
内に難民の親族があるときはその在住国、これらのいずれでもなく
域外から EU 域内に到達した者の場合は最初に域内に入った国が審
査を担当するものとされた（この最後の指定ルールが、トルコと国境
を接するギリシャや北アフリカに近いイタリアといった入口国ばかりに
大量難民の審査責任を負わせる結果をもたらした）。2004 年には EU 対
外国境の警備力を強化するために EU 対外国境管理協力局（Frontex[15]）
が設置された。

　2010 年代、シリア内戦が混迷と長期化を深め、とくに 2014 年以
降、その内戦を逃れた人々が大量にトルコを経由してギリシャに押
し寄せた。ダブリン II 規則の下では、圧倒的多数の難民について
入口国ギリシャが難民認定の審査担当国になる。ギリシャはユーロ
危機で財政破綻し緊縮財政を義務づけられる中、大量の難民認定申
請も抱え、難民を多く路上に長期間放置し、EU 域内の他国に移動
することを黙認した。他国は移動してきた難民の庇護申請を受け付
けず担当国のはずのギリシャに送還した。地中海に面するイタリア
には、アフリカ中部諸国の難民が北アフリカから木の葉舟で渡って
きた。2013 年にはイタリア・ランペドゥーサ島沖合で難破して多
数溺死する悲劇が起きた。

　入口国は彼らばかりに審査負担が生じるダブリンII規則の不合理を批判した。なにより現行のEU基本条約（2009年発効）は、EU諸国が「連帯」と「責任の公平な分担」の原則にもとづいて難民政策を展開すべきものと定めていた（運営条約80条）。ダブリンII規則は2013年に改正され、入口国の審査負担偏重を緩和する2014年からダブリンIII[16]規則が施行された。

　これと並行して現地活動も強化された。EU諸国はFrontexを介して共同で海上警察活動としての難民救助作戦（Operation Triton, Poseidonなど）を展開し、またEUの安全保障政策の一環として難民密航支援業者の掃討作戦（Operation Sophia）も展開した。さらに難民の到来登録を特定箇所（ホットスポット）に集中させ、そこにEU諸国の登録支援要員を派遣した。しかし処理能力を超える大量の難民は、次々にギリシャを素通りして他のシェンゲン圏国（ハンガリーやオーストリア）をめざし移動した。相当数の難民を受け入れていたハンガリーもついに国境に鉄条網をめぐらした。EU諸国は2015年、中東難民がトルコに留まるべくトルコへの支援を盛り込んだ特別協定を結ぶに至った。これがEUの現状である。

　このように難民庇護については、EU各国が庇護の決定者であって、EUが独自に受入れを決定できるものではない。個々の人を難民かどうか認定するのも、難民を何人受入れるかもEU各国が決定する。そのためシリア難民などを率先して多く受入れた国（ドイツやスウェーデン）もあれば、ほとんど受入れない東欧諸国などの差も出てくる。EUがなしてきたのは、難民審査国の指定ルールの共通化、難民の認定基準の共通化、難民に認められる最小限の諸権利の共通化、対外国境管理の強化のための諸国間協力の仲介（Frontex）といった特定の局面にすぎない。2010年後半においても、難民受入れ人数についてEU共通ルールを作って各国に割当てる制度案に

対しては多くの東欧諸国が頑強に反対しており、立法は難航している。EU 諸国間の「連帯」と「責任の公平な分担」原則は、厳しい現実に直面している。

まとめ 　本章で述べた EU の活動成果と権限の拡大の結果を要約すれば、次表のようになる。また現在の EU がもつ政策権限の全体像は、第 3 章の表「EU と構成国の立法権限配分」に示してある。

　経済市場統合のための EC の権限と活動が徐々に拡大したことが素地となり、また 1990 年代以降、冷戦の解消という世界情勢の根本変化も加わり、政治領域も扱う EU へと発展していった。

1950-70 年代	1970-90 年代	1990-2010 年代	
EC の時代		EU の時代	
単一経済市場の形成 から 完成 へ →		自由・安全・正義の地域の形成へ	
商品・サービス・資本の自由移動 ─────────────▶			経
競争法 ──────────────────────────▶			済
共通農業政策 ──────────────────────▶			統
社会政策 ─────────────────────────▶			合
	環境政策 ─────────────────▶		
	消費者政策 ───────────────▶		
		共通通貨政策 ──▶	
労働者の自由移動 ─▶（脱経済化）─▶ サービス受領者（＝消費生活者）の自由移動 有資力者・退職者・学生の自由移動			
		EU 市民の自由移動・政治的権利 ─▶	政
	シェンゲン	警察協力 ─────────▶	治
		共通安全保障政策 ───────▶	統
		共通外交政策 ─────────▶	合

[注]————————————————————————————————

1) Case 261/81, Walter Rau Lebensmittelwerke v de Smedt PvBA［1982］ECR 3961.

2) Case 75/81, Blesgen v Belgian State［1982］ECR 1211.

3) Cases 56 & 58/64, Consten and Grundig v Commission [1966] ECR 299

4) Regulation（EC）No 261/2004,［2004］OJ L 46/1.

5) Cases C-402/07 and C-432/07, Sturgeon［2009］ECR I-10923.

6) European Commission, *The Internal Market –Ten Years without Frontiers* (2003) pp.12-14.（2003 年の調査でも、人々が他国移動を思いとどまる理由のトップ 3 は、「家族のことを考えて」（61％）、「言語の壁」（29％）、「他国の機会について情報がない」（20％）である。）

7) Council Directive 85/384/EEC［1985］OJ L 223/15.（法案提出は 1967 年。COM/ 1967/155/FINAL/2）．現在は失効し、Directive 2005/36/EC［2005］OJ L 255/22（専門職資格の一般承認指令）に置き換えられている。

8) Case C-292/89, Antonissen［1991］ECR I-745.

9) Cases 286/82 and 26/83, Luisi and Carbone［1984］ECR 377.

10) Case 186/87, Cowan［1989］ECR 195.

11) Case 293/83, Gravier［1985］ECR 593; Case 24/86, Blaizot［1988］ECR 379.

12) Directive 90/364［1990］OJ L180/26（有資力者）; Directive 90/365［1990］OJ L180/28.（退職者）; Directive 90/366［1990］OJ L180/30.（学生）［学生指令は立法の根拠規定を誤ったため立法し直された。Directive 93/96,［1993］OJ L 317/59.］

13) Case C-34/09, Zambrano［2011］ECR I-1177.

14) Regulation 343/2003 [2003] OJ L 50/1.

15) Frontex は、EU の予算をもとに、EU の対外国境管理を国境当事国だけでなく他の構成国も協力して行えるよう諸国関係部署を仲介する EU の専門行政機関。域外から域内への人の移動（移民・難民など）の趨勢調査や諜報も行う。

16) Regulation 604/2013 [2013] OJ L 180/31.

◇第 3 章◇ EU の仕組みと運営はどうなっているのか

EU は立法・行政・司法権がある

今日の EU は、域内の人々の生活や企業の活動に直接に広く関わりをもつ。経済活動の自由化や規制、また EU レベルの政治的な決定（欧州議会選挙、域内警察・安全保障など）に及ぶ（第 2 章参照）。

このような EU は国家ではないが（第 2 章参照）、かといって、国連のような国際機構と同視するのも適当とはいえない。なぜなら、一般の国際機構は、人々に対して直接に立法や行政ができないが、EU はそれができるからである（EU 競争法が典型例）。しかも EU の司法権も人々に直接及ぶ。EU の独自の裁判制度のもと、多くの人々が訴訟を起こしている。国際機構によっては、国連や WTO のように、裁判制度を備えるものもある。だがそこでは国家しか訴訟を起こせない。このように EU は、EU 域内の人々に対して直接に立法・行政・司法の統治権限を行使できる点で、国際機構よりも国家に近い。だが国家でもない。EU はあくまでも独特である。

いったい EU は、どのような仕組みでその統治権限を行使するのだろうか。だれがどのように運営しているのだろうか。この章では、EU の運営の仕組みを概観しよう。ただし、EU の外交・安全保障分野の運営の仕組みは異なる面があるので、第 4 章で説明する。

（1）EU の機関

EU の運営に携わる機関は、いくつもある。主要な機関とその他

の機関を簡単に紹介する。次いで（2）以下で、それらが EU の統治作用にどのように関わるのかを説明しよう。

| 主要機関 |

「**欧州理事会**（European Council）」は、常任議長である理事長、各国首脳（国家元首または政府の長）、欧州委員会委員長で構成する EU のサミット会合で

ある（右の写真）。EU の全政策領域について大局的な方針を投票に訴えないコンセンサス（全員合意）で決める。ただし、投票により決定する事項も多少ある（たとえば、欧州委員会の委員長候補の指名は特定多数決で、EU 脱退通知国との脱退協定交渉期間を延長するときは全会一致で行う）。現在は、半年に 2 回（年 4 回）の定例会合がある。理事長は、臨時会合を招集できる（写真は 2013 年 2 月の欧州理事会）。

「**閣僚理事会**（Council of the European Union ［Council of Ministers］）」は、構成国政府の閣僚級代表（大臣）の会合である（左の写真）。正式名称を直訳すると〈EU 理事会〉となるが、首脳会合の「欧州理事会」と紛らわしいので、「閣僚理事会」と呼ばれることが多い。

　会合は政策分野別に開かれる（次々頁の表）。外務理事会は上級代表がつねに議長をつとめるが、その他の分野別理事会は EU 構成国が半年ごとに輪番で議長国となる。会議はブリュッセルで開催される。

　意思決定の方式は、政策・立法事項ごとに EU の基本条約が、多数決にするか全会一致にするかを細かく決めている。多数決による場合は「特定多数決」（次々頁の表）がほとんどで、単純多数決はごくわずかである。特定多数決についても、提案者がだれかにより、細かく規定があるが、ほとんどが欧州委員会による法案提出なので、次々頁の表の左半分部分が原則と考えてよい。すなわち、欧州委員

会提出法案を可決するには 16 カ国以上が賛成し、かつ、それらの国の合計人口が EU 総人口の 65 ％以上になることが必要である。もっとも、閣僚理事会の実際を見ると、通常は投票に訴えず、コンセンサスで決定している。

> **コラム：否決についての補足**
>
> 　可決の条件のどちらかに満たなければ否決となるわけではない。この点は注意を要する。13 カ国以上が反対するときはたしかに否決となる。だがそこまでの数の反対国がなく、EU 総人口の 35 ％を超える国々が反対しているときは、その国々が 4 カ国以上あるときに初めて否決となる。というのは、ドイツ、フランス、イギリス、イタリアという人口大国のいずれか 3 カ国の組み合わせ（3 大国）だけで、つねに EU 総人口の 35 ％超を占めてしまうため、もし人口の条件だけなら、中小国は、閣僚理事会での交渉においてつねに 3 大国の否決の脅威にさらされて不利になる。そこで基本条約では、人口条件のほうで否決するときは、人口 35 ％超だけでは不十分で、反対国が 4 カ国以上いなければならないことにした。通常は投票をせず、コンセンサスで決定する閣僚理事会ではあるが、この特定多数決の規定は、いわば最後の手段に訴えたときを扱っており、そのときにも大国だけに有利にならないように工夫をしているわけである。

　閣僚理事会は、立法機関としての面をもつ。EC 時代は、閣僚理事会だけが立法の採択機関だった。EU 時代は、次第に多くの立法事項について、閣僚理事会は欧州議会と共同で立法を採択しなければならなくなった（閣僚理事会だけが立法の採択権をもつ事項も多少は残る）。

　閣僚理事会は、行政機関としての面ももつ。EU の政策や立法を実施する仕事（＝行政）は、欧州委員会または各国機関に委ねられているが、閣僚理事会は、欧州委員会の行政権限の行使を監視し、場合によっては、欧州委員会に代わって行政権限を行使することもある。

　閣僚理事会には事務局があり、政策分野別に官僚組織となっており、閣僚理事会の議事を補佐する。また各国政府の大臣たちを補佐

現行の特定多数決（リスボン条約）

	欧州委員会または上級代表の提案	その他の提案
可決に必要な条件	・（国数）55％以上の諸国（16 カ国以上）の賛成、かつ ・（人口）賛成諸国の合計人口が EU 総人口の 65％以上。	・（国数）72％以上の諸国（21 カ国以上）の賛成、かつ ・（人口）賛成諸国の合計人口が EU 総人口の 65％以上。
否決に必要な条件	・（国数）45％超の諸国（13 カ国以上）の反対、または ・（人口）EU 総人口 35％超となる 4 カ国以上の反対（人口 35％超でも 4 カ国以上反対していないと否決できない）。	・（国数）28％超の諸国（8 カ国以上）の反対、または ・（人口）EU 総人口 35％超となる 4 カ国以上の反対（人口 35％超でも 4 カ国以上反対していないと否決できない）。

分野別（閣僚）理事会	議長
総合（General Affairs Council）	輪番議長国
外務（Foreign Affairs Council）	上級代表
経済財政（Economic and Financial Affairs Council）	輪番議長国
司法内務（Justice and Home Affairs Council）	輪番議長国
雇用・社会政策・健康・消費者問題（Employment, Social Policy, Health and Consumer Affairs Council）	輪番議長国
競争力（域内市場、産業、研究、宇宙）（Competitiveness (internal market, industry, research and space) Council）	輪番議長国
運輸・通信・エネルギー（Transport, Telecommunications and Energy Council）	輪番議長国
農漁業（Agriculture and Fishery Council）	輪番議長国
環境（Environment Council）	輪番議長国
教育・若者・文化・スポーツ（Education, youth, culture and sport Council）	輪番議長国

する機関として、「常駐代表委員会（Coreper）」がある。各国の大臣は自国の国政で多忙なため、EU レベルの問題については、ブ

リュッセルに各国の大使クラスの「常駐代表」を駐在させ、常駐代表が常時会合を開き（「常駐代表委員会」）、重大な決定以外の事項についてはそこで仮決定をし、大臣が出てくる閣僚理事会で正式に承認してもらうようになっている。大臣たちは、閣僚理事会では、常駐代表が決定できなかった重大な事項を主に討議して決定する。

「**欧州委員会**（European Commission）」は、ブリュッセルに所在する機関（右の写真）であって、立法機関の面と行政機関の面をもつ。立法機関としては、各国から独立して EU の公益のために政策を立案し、法案を提出する。EU の立法事項の大部分について、欧州委員会が法案提出権（提案権）を独占している。行政機関としては、採択された EU 法を自ら実施し、あるいは各国政府による実施を監督し、実施を怠る各国政府を EU 司法裁判所に訴える。

欧州委員会では、委員長の指揮のもとで、副委員長（若干名）と通常の委員が政策分野を分担して担当する。ただし、EU の共通外交・安全保障分野については「上級代表」が担当する。「上級代表」は、連合を対外的に代表する、国でいえば外務大臣に相当する職である。外務理事会の議長を務め、かつ、欧州委員会の副委員長も兼ねる。一人が同時に二つの EU 機関に属する特殊な地位である（いわゆる「二重帽子（double hat）」の職）。

各委員のもとに欧州委員会職員の官僚機構があり、政策分野別に組織されていて、これが委員を補佐する。ただし、「上級代表」の補佐機関は、欧州対外活動庁（European External Action Service, EEAS）という別の組織である。これは、欧州委員会の職員、閣僚理事会事務局の職員、各国外務省出向者の三者で構成する。

「**欧州議会**（European Parliament）」は、現在では、立法の採択機関

の一つである（左の写真）。EC 時代（1993
年まで）は、法案への意見を表明する諮問
機関にとどまっていた。

　議員は 1979 年より EU 市民の直接選挙
で選ばれるようになった。それ以前は各国
議会の議員が兼職していた。直接選挙では、国ごとに、人口にある
程度対応して、議席数が配分される（右
表）。選挙は EU 統一選挙法がまだなく、
EU 各国の選挙法によって選挙する（た
だし比例選挙で行う点だけは共通化されて
いる）。選出された議員は、国籍と無関係
に、議会内政党や会派を組んで行動する。

　欧州議会は、多数決で決定する。定足
数を満たした議会の出席者の過半数で行
う。とくに重要な決定は、総議員の過半
数で行う（絶対多数決）。

　定例本会議はストラスブールで行う。
議会の委員会と臨時本会議はブリュッセ
ルで行う。議会事務局は、ルクセンブル
クとブリュッセルにある。所在地が分散
するのは何人にも不便であり、ブリュッ
セルに集中させる動きも久しくあるが、
所在地の決定は EU 諸国間の共通の合意
によらねばならず、フランスがストラス
ブールを譲らないため、いまだに集中は
実現していない。

　「議会」という名前ではあるが、議員

欧州議会の国別議席配分	
ドイツ	96
フランス	74
英　国	73
イタリア	73
スペイン	54
ポーランド	51
ルーマニア	32
オランダ	26
ギリシャ	21
ベルギー	21
ポルトガル	21
チェコ	21
ハンガリー	21
スウェーデン	20
オーストリア	18
ブルガリア	17
デンマーク	13
スロバキア	13
フィンランド	13
アイルランド	11
クロアチア	11
リトアニア	11
スロベニア	8
ラトビア	8
エストニア	6
キプロス	6
ルクセンブルク	6
マルタ	6
合計	751

が自ら法案を提出することはできない。EU では法案の提出権は、わずかな例外を除き、欧州委員会が独占している。欧州議会にできることは、欧州委員会に対して法案を提出するように要請することにすぎない（要請しても欧州委員会が法案を提出する義務はない）。

　欧州議会は、EU の主要機関のなかで唯一の民主的代表機関であるから、EU 市民を代表して、EU の他の機関を政治的に監督する役割も担っている。そこで、第一に、欧州議会には、調査権がある。この権限を発動して、EU の行政権を行使する閣僚理事会や欧州委員会の行動が適切であったかどうかを調べ、政治的な責任を追及できる。第二に、欧州議会は、欧州委員会に対して「不信任決議」を採択し、欧州委員会を総辞職に追い込むこともできる。ただし、この政治的統制権限はいまだに一度も公式には発動されたことがなく、その寸前まで行った例が 1 つあるのみである。1999 年にサンテール（Santer）委員長の欧州委員会のとき、複数の委員に汚職や職権濫用があり、欧州議会は不信任決議の採択間際まで行ったが、欧州委員会が自発的に総辞職した。

　EU の裁判所は、EU における法の遵守を確保するための裁判機関である。主なものは、司法裁判所と一般裁判所である。

　「EU 司法裁判所（Court of Justice）」は、EC 設立当初からあり、ルクセンブルクにある（右下の写真）。EU 各国 1 名の裁判官（合計 28 名）が EU 諸国の共通の合意にもとづき任命される。これとは別に「法務官（Advocate General）」も合計 11 名任命される。法務官は、裁判所に対して、EU の公益代表者として独立の立場から、各事件のあるべき解決について意見を述べる官職である。裁判所は、事件の当事者の主張や法務官の意見を参考にして、裁判官だけで合議して単純多数決で判断を下す。

「EU 一般裁判所（General Court）」は、司法裁判所の下級審にあたり、1989 年に「欧州第一審裁判所（Court of First Instance）」として設立され、2009 年発効のリスボン条約で現在の名前に変更された。EC の発展・加盟国の増大につれて訴訟の件数も増えたので、司法裁判所の下に第 1 審として、この裁判所が作られた。これもルクセンブルクにあり、EU 法に関する紛争を扱う。長らく各国 1 名の裁判官（合計 28 名）から構成されていたが、訴訟件数の増大にともない 2016 年より段階的に増員されることになり（2016 年 9 月時点で合計 47 名）、2019 年 9 月には各国 2 名の裁判官で構成される。法務官はいない。裁判官の選任方法と合議の方法は、司法裁判所と同じである（EU の裁判所での裁判の仕組みは、本章(3)参照）。

EU 諸国は、EU の基本条約に定める紛争解決機関以外では EU 法に関する紛争を解決しないと確約している。だから EU の裁判所が、EU 法に関する最終的な紛争解決機関となる。EU 法の問題について、EU 諸国が国際司法裁判所（在ハーグ）に提訴するようなことはできない。

EU 諸国は、EU の基本条約に定める紛争解決機関以外では EU 法に関する紛争を解決しないと確約している。だから EU の裁判所が、EU 法に関する最終的な紛争解決機関となる。EU 法の問題について、EU 諸国が国際司法裁判所（在ハーグ）に提訴するようなことはできない。

その他の機関　以上の主要機関の他に諮問機関として、「**経済社会評議会** (Economic and Social Committee)」と「**地域評議会**（Committee of the Regions）」がある。前者は、商工業者・労働者・消費者などの代表を集めた諮問機関、後者は EU 諸国の地方自治体の代表を集めた諮問機関であり、いずれも、欧州委員会の提出した法案に対して意見を表明する。ブリュッセルで会合する。

　このほか、EU の予算執行の適切さを検査する「**会計検査院**」（在ルクセンブルク）、共通通貨ユーロの運営を行う「**欧州中央銀行**」（在フランクフルト、右上の写真）がある。

まとめ　EU の主要機関の構成、任命手続、意思決定方式、職務・権限を要約すると右の表の通りである。

	欧州理事会 European Council	閣僚理事会 Council of the EU	欧州委員会 European Commission	欧州議会 European Parliament	EU の裁判所 [司法裁判所 [一般裁判所
機関の長	理事長 1 名（任期 2.5 年。再任 1 回可）	議長国（任期半年で各国輪番） 外務理事会の議長は上級代表（任期 5 年）	委員長 1 名（任期 5 年）	議長 1 名（任期 5 年）	司法裁判所長官 1 名 一般裁判所長官 1 名
メンバーと補佐機関	各国首脳と欧州委員会委員長	構成国政府の閣僚級代表 〈補佐機関〉 常駐代表委員会（Coreper）および閣僚理事会事務局	委員 28 名（委員長含む。各国 1 名）任期 5 年 〈補佐機関〉 欧州委員会職員の官僚組織	議員 750 名＋議長 1 名 任期 5 年	司法裁判所 裁判官 28 名（各国 1 名） 法務官 11 名 一般裁判所 裁判官増員中（2016 年 9 月に 47 名。2019 年 9 月に各国から 2 名）、法務官なし。 裁判官、法務官任期 6 年
任命手続	各国首脳：各国憲法の定める手続による。	各国代表：各国憲法の定める手続による。	委員長：欧州議会選挙の結果を踏まえ、各国首脳の会議で候補を選定し、欧州議会が承認して任命。 委員：委員長と閣僚理事会が協議して委員団を選定し、欧州議会が一団として承認して任命。	EU 市民による直接比例選挙で議員選出。	構成国の共通の合意で任命。
代表利益	国益・EU 公益	国　益	EU 公益 （何人からも独立して職務を遂行）	多種多様な EU 市民の利益	法の遵守の確保＝「法の支配」の実現。
決定方式	コンセンサス（原則）	（事項により）特定多数決または全会一致	単純多数決	（事項により）出席議員の多数決または総議員の絶対多数決	単純多数決
職務・権限	（大局的決定）政治方針示す。立法権なし。閣僚理事会での難航案案の解決。	（立法）法案・予算案の採択。 （行政）欧州委員会の EU 法執行を監督。EU 法を自ら執行。	（立法）法案・予算案の提出。 （行政）EU 法を自ら執行。 各国の EU 法執行を監督。不履行国を EU 司法裁判所に提訴。	（立法）法案・予算案の採択。 （他機関への政治的統制） ・議会調査権の発動 ・欧州委員会の不信任決議	（司法） 司法裁判所 ・先決裁定 ・直接訴訟 ・一般裁判所からの上訴審査 一般裁判所 ・直接訴訟

（2）EU の立法・行政 ————————————————

　EU の政策は、多くが立法を通して表現される。多くの場合、EU 諸国と人々・企業に、共通に統一的に政策を実施する必要があるからである。

　　| EU の立法手続 |　EU の立法は、基本条約に定める手続に従って採択される。立法の名称は、EU「規則」、EU「指令」、EU「決定」などである（後述(3)参照）。現在の基本条約は、立法手続を下記のように分類しており、標準的で最も多用されるのが「通常立法手続」である。

「通常立法手続」— 閣僚理事会と欧州議会が立法を対等に採択
　　　　　　　　（かつての「共同決定手続」）

「特別立法手続」
　　閣僚理事会が立法を採択
　　　　欧州議会が承認
　　　　（かつての「承認手続」）
　　　　欧州議会が意見表明
　　　　（かつての「諮問手続」）
　　欧州議会が立法を採択、閣僚理事会が承認

　いく種類もの手続があるのは、歴史的な経緯からであるが、その裏には、国家としての EU 諸国と、統治組合 EU との間に、立法権限の綱引きがあったからである。EC 時代を代表する「諮問手続」、EU 時代を代表する「共同決定手続」＝「通常立法手続」でそれを説明しよう。

　EC 時代の標準的な立法手続は「諮問手続」であった（現在の EU でもいくつかの立法事項でこの手続が残っているので、過去のものというわけではない）。以下の流れの手続である。

| 欧州委員会 | (法案提出)→ | 欧州議会 | (諮問的意見を表明)→ | 閣僚理事会 | (採択) |

この手続の特徴は、欧州議会に法案の採択権がない点である。欧州議会は法案への意見（閣僚理事会を拘束しない）を述べるだけで、法案の修正や採択はできない。そういう欧州議会の関与のあり方から、「諮問手続」と呼ばれた。

この手続の裏にある立法権限の綱引きは、欧州委員会と閣僚理事会の間で展開される。欧州委員会は EU 全体の公益のために法案を作成する。他方、閣僚理事会では EU 各国の政府代表が国益を主張する。欧州委員会は提案権・撤回権を独占し、閣僚理事会は採択権を独占する。閣僚理事会が欧州委員会の EU 公益のための法案を国益を主張して大きく修正して骨抜きにするなら、欧州委員会はいつでも法案を撤回できた。他方、閣僚理事会は、各国益にそむく欧州委員会の法案は否決できた。EU 公益と各国益がぶつかり合い妥協がなって立法となるという手続であった。

その手続を、閣僚理事会は、1966 年から 1980 年代後半まで、さらに各国政府の側に有利に運用した。すなわち、基本条約に閣僚理事会が特定多数決で採択すると定めてあっても、各国の「非常に重要な利害」に触れる法案については、全会一致になるまで採択しないという運営をした（「ルクセンブルクの妥協」）。全会一致は 1 カ国の反対だけで不成立となるので、EU 各国は拒否権をもつも同然となる。「ルクセンブルクの妥協」により、EU 各国は、自国の利害に反する法案を、1 カ国だけで、すぐさま確実につぶせることになった。こうして EC 時代は、閣僚理事会における EU 各国政府は、立法内容を究極的にはコントロールする権力をもっていた。

> ┌─ コラム：ルクセンブルクの妥協 ─┐
> 　1965 年に欧州委員会が提出した農業政策法案に農業国フランスのド・ゴール大統領が反発し、ド・ゴールは閣僚理事会にフランス代表を送らない「空席戦術」をとった。EC の運営は半年間停滞した。翌年ルクセンブルクが前述の運営方法を含む妥協案を示して事態を収拾した。それで「ルクセンブルクの妥協」という。

　しかし、やがて時代の変化が、綱引きに新たな参加者を加え、立法手続も変化させていった。1979 年に欧州議会の直接選挙が実施され、欧州議会は、民主的代表機関として立法の内容を決められるほどの深い関与ができてしかるべきだと主張しはじめた。また 1985 年に「域内市場の完成」を目標に掲げるドロール欧州委員会が発足すると、大量の立法が必要となった。さらに 1986 年にはスペインとポルトガルが EU に加盟し、EU は 12 カ国となった。こうした変化の中で、立法を欧州議会の深い関与がない「諮問手続」によって、しかも「ルクセンブルクの妥協」にもとづいて、加盟国の数も増えた閣僚理事会を全会一致で運営することを続けていては、域内市場完成のための 280 余りの立法を短期間にこなすこともできなければ、ヨーロッパの人々を納得させることもできないだろうとだれしも予想できた。

　EU 諸国はついに立法手続の改革に合意し、1986 年以降、基本条約の改正のたびに少しずつ新しい立法手続を導入していった。新しい手続が用いられる立法事項では、閣僚理事会の決定方式は特定多数決が原則となり、やがて「ルクセンブルクの妥協」による運営実務も消えていった。

　今日の「通常立法手続」が「共同決定手続」という名称で導入されたのは、1992 年のマーストリヒト条約によってである。EC の域内市場立法が大量になされ、しかも EU へと展開して政治的課題に

も取り組む組合において、人々の代表機関たる欧州議会が立法に深く関与できないようなら、EU が民主的に運営されているとはいえないだろう（＝「民主主義の赤字」がある）という批判が強まっていた。これへの回答の一つとしてこの手続が導入された。

「共同決定手続」では、閣僚理事会と欧州議会が共同で立法を採択する（それゆえその名がある）。欧州議会はこの手続ではじめて採択権を手に入れた。「共同決定手続」は、当初はいくつかの立法事項に限定して導入され、旧来の「諮問手続」が多くの立法事項で生き残っていた。しかし条約改正のたびに「共同決定手続」による立法事項が拡大し、2009 年発効のリスボン条約の段階では、立法事項の約 70％が「共同決定手続」となった。そこで名実ともに「通常」の立法手続となり、そう改称された（だがいまだに「特別立法手続」の一種として「諮問手続」もいくつかの立法事項に残っている）。

「**通常立法手続**」（旧「共同決定手続」）を簡略化して示すと以下のようになる（なお、閣僚理事会も欧州議会も、各段階で反対して廃案にすることもできる。また、協議委員会は、閣僚理事会・欧州議会から同数の代表者がでて、妥協案＝共同文書を交渉する）。

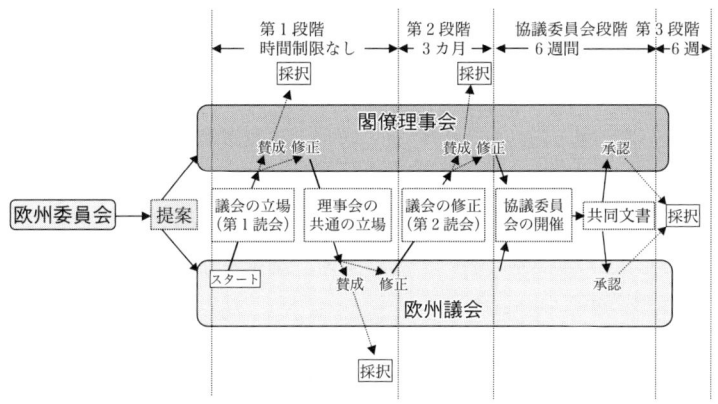

「通常立法手続」のポイントは、三つある。

① 閣僚理事会と欧州議会が採択権を共にもつ。
② 欧州委員会の法案にもとづき、欧州議会と閣僚理事会が修正を加えながら利害の妥協を図る。
③ 原則として閣僚理事会は特定多数決、欧州議会は絶対多数決で行動する。

これらを総合すると、通常立法手続による EU 立法については、もはや各国政府代表たちは閣僚理事会において、

○ 自国の利害に即する法案を究極的に維持することもできない。欧州議会がそれを修正しうる。
○ 自国の利害に反する法案を単独で一方的につぶすこともできない。「ルクセンブルクの妥協」の実務は消え、いまや閣僚理事会は特定多数決で行動するから、1 カ国では否決できない。

つまり EU 各国は、それぞれ 1 カ国としては、EU 立法の内容に対する究極のコントロール権力を失ってしまった。また諸国の集合（閣僚理事会）としても、もはや EU の立法内容に究極のコントロールを及ぼせない。欧州議会が対抗して修正したり廃案にしうるからである。こうして、EU 時代の「通常立法手続」では、綱引きは、EU か各国かという図式ではなくなり、欧州委員会（EU 公益）、欧州議会（多様な人々の利益）、閣僚理事会（諸国益の集合的な妥協）の三者で展開されるものになった。EU 各国が究極の立法コントロール権力を失った点が大きい。それゆえ、国家主権が EU によって制限された、ともいわれる。

> ┤ コラム：通常立法手続は EU 立法の民主的な正統性を高めるか ├
>
> 「通常立法手続」（共同決定手続）が名実ともに EU の立法手続の標準となったことは、欧州議会の立法関与を高め、EU 立法の民主的な正統性も高めると一応は評価できる。
>
> だがこの手続の実際の使われ方をみると、疑問も残る。公式の通常立法手続の外側に、非公式の手続が生じているからである。
>
> 通常立法手続では第 2 段階以降に時間的制限が課される。そのため、時間制限のない第 1 段階で、欧州議会と閣僚理事会の双方の少数の代表者らが非公式の会合を繰り返して妥協案に達し、それを公式の通常立法手続にのせて、第 1 段階の間か第 2 段階の初期に採択することが非常に多くなっている。
>
> これは実務的な工夫ではあるが、通常立法手続の第 2 段階・協議委員会段階・第 3 段階ですべきことを前倒しして非公式化している。その結果、非公式化されてしまった部分は議事も議事録も公開されず、市民には不透明になる。リスボン条約は、立法を審議する閣僚理事会・欧州議会を公開とし、議事録も公開とし、EU 市民に対して立法の討議過程を透明にしようとした。だが、それは公式手続の部分の話である。こうして非公式手続が展開してしまうと、その改革も空洞化してしまう。

EU と構成国の立法権限配分

「諮問手続」から「共同決定手続」=「通常立法手続」への展開の経緯からもわかるように、EU 諸国は、統治組合 EU を作りながらも、そこに立法権限を容易には渡そうとしない。範囲を限定して EU に立法権限を認めつつ、同時に EU 各国が並行して立法できるとか、EU が立法するまでは各国ができる、といった条件をつけたりする。

EU に与えられた立法権限の範囲や性質については、これまでも多くの訴訟が起こされ、EU 司法裁判所の判決が蓄積された。それに基づいて、現在の基本条約は、次表のように、EU と構成国の間の立法権限の配分と、EU がもつ立法権限の性質を整理している。

EU の立法権限には、「排他的」か「共有」か「支援的」か「その他」かという性質の違いがある（内容は次頁の表で説明してある）。

EU と構成国との立法権限配分（EU 運営条約 3 〜 6 条、EU 条約 4、5、24 条）

EU			構成国
排他的権限（運営3） exclusive	共有権限（運営4） shared EU 権限は共有権限が原則 （運営4(1)）	支援的権限（運営6） supporting	
EU のみ立法可能。 構成国の立法権は排除される。（EU 機関から構成国への授権、または各国実施を規定する EU 法がある場合を除く） （運営2(1)）	EU の立法権行使がない間、または EU が立法権行使を終止した事項は、構成国が立法権行使可能。 一旦 EU の立法があれば、その範囲で構成国の法が排除され EU 法が優先。 （研究技術・宇宙開発、開発援助・人道援助を除く）（運営2(2)）	EU は、構成国の行動の支援・調整・補完の措置のみ採択可能。 EU は構成国の法規を変更する立法はできない。 （構成国間の行動調整、各国奨励措置にとどまる）（運営2(5)）	構成国のみ立法可能。 EU に付与していない権限は構成国に残留する（「権限付与の原則」） （EU4(1), 5(2)）
［以下は限定列挙］ 関税同盟 域内市場の運営に必要な競争法規の定立 ユーロ諸国の通貨政策 共通漁業政策の下での海洋生物資源保護 共通通商政策 一定の国際条約の締結 ［EU 立法が国際協定の締結を定める場合、EU 域内権限行使のために国際協定締結を要す場合、国際条約が EU 共通準則に影響を及ぼすか当該準則の範囲を変更しうる場合その範囲で．（運営3(2)）］	［以下は例示列挙］ 域内市場 社会政策 経済・社会・領土の結束 農漁業 （海洋生物資源保護を除く） 環 境 消費者保護 運 輸 欧州横断網 エネルギー 自由、安全、正義の地域 公衆衛生問題における共通の安全性事項	［以下は限定列挙］ 人の健康の保護と向上 産 業 文 化 観 光 教育、職業訓練、若年層およびスポーツ 市民災害防護 行政協力	EU 条約の明文で構成国に留保されている事項 ・公序、公安維持 ・刑事法、刑事裁判 ・賃金交渉、団結権、ストライキ権、ロックアウト権 ・健康・医療サービスの制度編成 ・財産所有制度規範 その他、構成国に留保された事項 ・課税・徴税権 ・徴兵権 ・警察権 ・防衛権 など

	研究技術・宇宙開発の実施　（運営 4(3)） （但、各国独自の実施権を妨げない） 開発援助・人道援助の実施（運営 4(4)） （但、各国独自の実施権を妨げない）	
その他 （排他的・共有・支援的のいずれの分類にもなじまないもの） 経済・雇用政策（運営 2(3), 5） 共通外交・安保・防衛（運営 2(4), EU24）		

＊運営 =EU 運営条約、EU=EU 条約。数字は条文番号。

また、どの立法事項にどの性質の立法権限をもつかは、表に個別分野名を掲げて示してある。「限定列挙」とは、掲げたものに限るという意味であり、「例示列挙」とは、例として掲げてあって、掲げていないが他のものもありうるという意味である。

EU の行政　　EU の政策や立法を人々や企業に対して実施し、強制力をもって執行する段階が行政である。

　EU の政策・立法は、大部分が EU 各国の政府機関を通じて実施され、強制力をもって執行される（間接行政）。

　EU の政策・立法を EU の機関（欧州委員会や閣僚理事会）が、直接に実施する直接行政の例は少ない。直接行政の典型例は、EU 競争法である。第 2 章で紹介したように、欧州委員会が EU 競争法を執行する権限を与えられているので、EU 域内の企業の反競争法行為を調査し、摘発し、課徴金を課すことができる。もっとも、この EU 競争法の実施・執行についても、2000 年代からは、EU 各国の競争法担当機関と分業して行うようになった。

　EU は、それ自体には国家のように警察や軍隊などの物理的な強制力がない。しかし、EU の政策・立法の大部分は、EU 各国の国家機関を通じて間接的に実施されるから、各国の強制力を借りて EU の政策・立法を執行できるともいえる。EU が直接に行政をし、

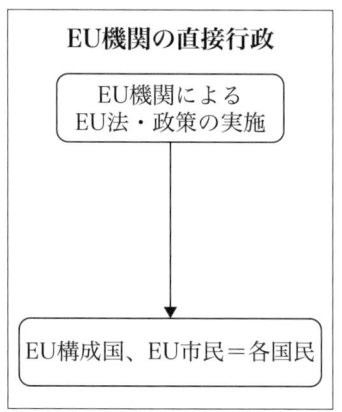

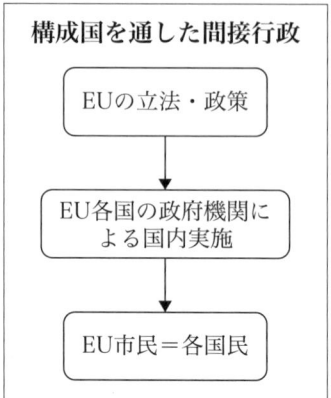

強制力を必要とするときは（EU 競争法での企業への立ち入り調査など）、関係する各国政府の当局の協力をえて実施する。いずれにせよ、EU と EU 各国の協力関係がある限りは、EU に強制力があるも同然となる。

（3）EU の法と裁判

　EU を設立する基礎的な法（基本法規）と設立された EU がつくる立法（派生法規）の両方を EU 法という。EU 条約と EU 運営条約は、EU 制度の基本となるので、基本条約ともいう。

EU 法 ⎰ 基本法規（EU 条約、EU 運営条約、EU 基本権憲章、法の一般原則）
　　　 ⎱ 派生法規（EU の立法である「規則」、「指令」、「決定」、EU が締結する「国際条約」）

　○　規則（Regulation）─そのままで各国内の人々に直接に適用される。
　○　指令（Directive）─各国の国内法などを通して、その内容が実

施される。

○ 決定（Decision）─特定の人や国を直接に拘束する。

○ 条約（international agreement）─EU が他の国や国際機構と締結する国際条約（名前は協定や議定書などでも条約として扱われる）。

| 直接効果の法理 |

EU 司法裁判所は、EU 法全般について、規定の内容が明確で無条件であるものは、直接に人々に権利を発生させると判断した。これを「**直接効果**」の法理という。直接効果は、EU 条約・EU 運営条約など基本法規から、派生法規のどれにでも発生しうる。

　この法理がなぜ重要で画期的だったかは、国連など他の国際機関と比べてみるとわかる。国連などの国際機関では、諸国家が条約を結ぶ。だがその国際条約がそのままで各国の人々や企業に権利や義務を発生させるとは限らない。そうなるかどうかは、各国の憲法など国内の法によって決まる。一方で、国際的に決めたことが具体的に明確なら自動的に国内でも法的な権利や義務まで発生させると扱う国もある。だが他方では、そういうことを認めず、国際的に決めたことが具体的に明確でも国内の議会や政府が法令をつくって国内用の法にして初めて、国内の人々の権利や義務が発生すると扱う国も多い。このように、国家と国家の間で国際条約として決めたことが、そのまま世界各国内の人々に直接に権利や義務を生じさせるということには、必ずしもならない。

　ところが EU 司法裁判所は、EU 各国の憲法などの立場が何であれ、一律にどの EU 構成国でも、こと EU 法（基本法規から派生法規に至るまで）については、内容が明確で無条件なら、直接効果（直接の権利）が生じると述べた。なにより裁判所は、旧 EC 設立条約＝現 EU 運営条約が定める商品・サービス・資本・人の自由移動の規定に直接効果があると認めた。だからこそ、人々は第 2 章でみた

ような、さまざまの訴訟を起こせたわけである。

　ゆえに、EU 司法裁判所は、「直接効果」の法理を判例法として確立することで、市場統合を促進する役割を果たしたと評価できるだろう。時には EU 司法裁判所の判例の蓄積が、EU の立法や基本条約の改正まで誘発した（第 2 章の人の自由移動・居住権をめぐる判例の展開など）。

| EU 法の優位性の原則 |

　これに加えて、EU 司法裁判所は、もう一つ重要な判例法をつくった。EU 法の優位性の原則である。これは、EU 構成国の国内法と EU 法が矛盾し対立するような場合、EU 法がいつでも必ず優先的に適用されるという原則である。各国の憲法から地方自治体の条例に至るまで、あらゆる国内法にいつでも EU 法のほうが優先するというので、EU 法の優位性の原則と呼ばれている。

> **コラム：「優位性の原則」の例**
>
> 　たとえば、イギリスには「性差別禁止法」という国内法があり、男女差別は禁止されていたが、例外規定があって、男女労働者の退職年齢は対象外とされていた。他方、1976 年の EU 指令は、退職条件を含めて労働者の労働条件は男女平等でなければならないと定めていた。このためイギリスでは、男女別の退職年齢は、イギリス法では合法、EU 法では違法という結果になっていた。両法は矛盾し対立していた。このようなとき、EU 法たる EU 指令が必ずイギリス法に優先して適用されるというのが、優位性の原則である。

　EU 法の優位性の原則を認めないと、EU 法の適用において EU 各国で結果がバラバラになって EU 法上の権利の保護に不平等が生じる、つまり EU 法が共通法ではなくなってしまうのである。

┌─ コラム：各国裁判所の抵抗 ─────────────────

　だが、EU 諸国の裁判所（とくに各国の最高裁判所や、憲法裁判所）は、EU 法の優位性の原則を受け入れたのだろうか。各国がその憲法（主人）にもとづいて EU（組合）をつくったのに、EU（組合）が各国の憲法（主人）も越えて EU 法を押し通せるのでは、主客が転倒して不当だ、正統性がない、とは思わないのか。

　まさにドイツの連邦憲法裁判所など数カ国の裁判所は、そう考えて、各国の憲法が一番大事にしている部分（たとえば人権規定、民主主義の原則など）だけは、EU 法といえども優位・優先できないと考えている。とはいえ、EU も人権を保障しているし、民主的な立法をするように制度を改革してきたので、実際の訴訟事案では、どの国の裁判所も真っ向から EU 法の優位性の原則を否定することはしていない（理論的には否定する可能性も残しているが）。詳しくは、本書末尾の文献案内「EU 法と各国憲法」の項を参照のこと。

──────────────────────────

EU の裁判　EU 法が EU 各国の国内にある人々や企業に直接に適用されるから、人々や企業は、他の人々・企業を相手取る訴訟などは、自国の裁判所に提訴し、その中で EU 法を直接に用いることになる。そこで、EU 独特の訴訟手続が考案されている。

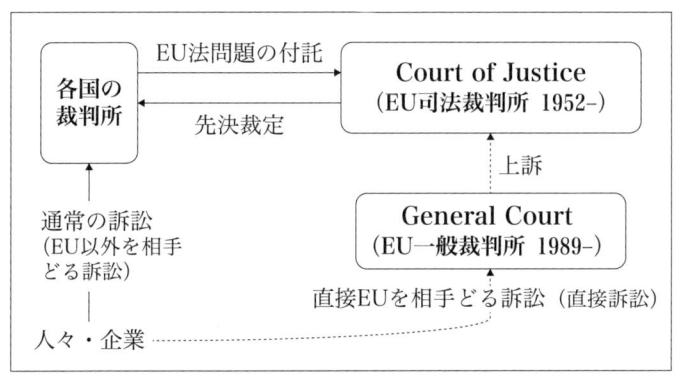

先決裁定手続 　人々・企業・構成国が EU 各国の裁判所（フランス
の裁判所など）に提起する訴訟において、EU 法の
解釈や効力が争点となったとき、各国の裁判所は訴訟手続をいった
ん停止して、EU 法問題を EU 司法裁判所に付託し、EU 法の解釈
や効力について、統一的な判断を求めることができる（また各国の
裁判所のうち最高裁判所のように終審の裁判所は、原則として EU 法問
題を付託しなければならない）。EU 司法裁判所がその EU 法問題につ
いて「先決裁定」を下し、各国の裁判所は手続を再開して、裁定に
示された EU 法に事案の事実を当てはめて終局判決を下す。各国の
裁判所の判決の「先決」問題たる EU 法問題についてだけの「(判
決ではない) 判断」なので、「先決裁定」と呼ばれる。EU 諸国での
EU 法の統一的な解釈を確保するための手続である。先決裁定は、
EU 司法裁判所だけが担当する。

　他方で、たとえば EU 競争法違反の認定を受けて課徴金を欧州委
員会から課された企業があったとする。この企業は、EU（の欧州委
員会）を相手取って訴訟を起こす。このときは、直接に EU の裁判
所に提訴できる。こういう訴訟を「直接訴訟」という。

直接訴訟 　人々・企業・構成国・EU 機関が直接に EU 機関を相
手取って EU の裁判所に訴訟を提起する類型である。

　EU 司法裁判所が扱う直接訴訟は、国や EU 機関が原告となって
訴えるタイプである。①構成国が EU 機関を訴える訴訟、②欧州委
員会が構成国を訴える訴訟、③構成国同士の訴訟、④ EU 機関同士
の訴訟である。多いのは②（欧州委員会が EU 法を国内実施しない構
成国を訴える訴訟）や、④（欧州委員会が閣僚理事会を訴えるものや、
欧州議会が欧州委員会を訴えるものなど）である。①は少なく、③は
きわめてまれである。

　人々・企業が原告となって EU 機関を訴えるタイプの直接訴訟は、

EU 一般裁判所が第一審を扱う（その判決に不服な側が上訴するとき、EU 司法裁判所が第二審かつ終審となる）。たとえば、企業が欧州委員会に EU 競争法違反と判断され課徴金を課されたとき、企業が欧州委員会に対してその決定が違法だから取り消せと争う。この「取消訴訟」は EU 一般裁判所に提訴する。あるいは、ある人がテロリストと誤認されて閣僚理事会により資産凍結を命じられたとする。このときその人は閣僚理事会の措置の「取消訴訟」や EU に対する「損害賠償訴訟」を、EU 一般裁判所に提訴するのである（具体例は第 4 章のカディ事件）。

まとめ──EU を動かすのはだれか

この章では、EU の機関を紹介し、立法・行政・司法の権限が EU にあることを述べた。では、総合してみたとき、EU を動かしているのは誰だといえるだろうか。次頁で簡単に表にまとめてみよう。

EU を設立し、改造する局面	EU を日々運営する局面
＝ EU の基本条約を締結し、改正する ―EU 諸国が条約締結・改正する ―欧州議会も条約改正の提案はできる ―EU 諸国の議会（または国民）が条約締結・改正を承認する	＝ EU の大局的な活動方向を決める場面 ―EU 諸国の首脳（「欧州理事会」） ＝ EU の政策や立法をつくる・変える場面 ―欧州委員会・欧州議会・EU 各国政府代表（閣僚理事会） ＝ EU の政策・立法を実施する場面 ―EU 各国の政府機関 ―人々・企業が EU 法を実施しない国、守らない国に対して訴訟を起こす ―欧州委員会が EU 法を実施しない国、守らない国に対して訴訟を起こす
この局面では、EU 諸国政府が最も有力な政治主体である。ただし、条約を認めるための国民投票がある国では、国民も有力な政治主体となる。	この局面では、EU の機関、各国政府、人々・企業が、場面により関与の仕方や程度は違うが、EU を動かしているといえる。

EU の裁判所の先決裁定や判決から、人々の新たな権利や EU の権限が認められ、それが新立法や基本条約改正を促す。（第 2 章参照）

◇第4章◇ EU は世界とどう関わるのか

　EU は、世界とはこれまでどのように関わってきたのだろうか。今はどんな関わりをもっているのだろうか。この章では、EC 時代と EU 時代に分けて、対外関係の展開をみていこう。

（1）EC 時代

　EC 条約は、次のような対外活動を予定した。主たるものは経済分野の活動である。そのために EC が国際条約を締結する権限や、国際舞台で EC の名で行動できる能力があることも定めた。

○ 対外共通関税の導入：関税同盟にもとづく「共同市場」を設立するために EC 諸国が共通の対外関税を EC において導入する。

○ 共通通商政策（common commercial policy）：共通関税率の変更や貿易協定の締結など、EC 諸国が EC として統一的に対外的な通商政策を行う。

○ 連合協定（association agreement）：EC 諸国と特別の関係がある域外諸国（EC 諸国の旧植民地諸国など）と EC が特別の協定を結ぶ。

○ 他の国際機関との協力：国連、ヨーロッパ評議会、OECD などと EC が協力する。

○ 加盟交渉：加盟を申請してきた「ヨーロッパの国」と EC は加盟の交渉ができる。

その後、1970 年代に EU 司法裁判所が、より広い EC の対外権限を認めた。すなわち、域内で EC がある事柄について立法すれば、それに対応してその事柄については EC に対外的な条約締結権限が暗黙のうちに生じると判断した（「黙示的権限の法理」）。立法権が内外対称的にそろっていないと EC 法が実効を失うというのである。この法理により、EC が域内で立法権限を行使した事項については、黙示的な対外権限が認められることになり、EC の対外活動は範囲が拡大した。

とはいえ EC は域内について経済分野に立法権限を行使していたので、対外活動の主たる成果は経済分野であった。ただし、後述するように、近隣諸国の EU 加盟交渉は、政治的な意味のある活動＝外交でもあった。EU からみれば、EU 加盟交渉は、近隣諸国への EU の政治的目標（ヨーロッパの恒久平和）やそれを支える原則やルールの普及だったからである。これとは別に、1980 年代からは、EC 諸国が、特定の域外国の政治や政策を批判して、その国に EC として経済制裁措置をとるなど、EC 諸国共通の政治目標を EC の経済手段を通して達成しようとする動きも見られるようになった。

EC と世界の関わり(1)：EC と GATT

EC 時代の経済分野の対外活動は、共通関税（関税同盟）の導入に始まり、アメリカなど世界の先進諸国とは GATT（関税および貿易に関する一般協定）における交渉を通して関わりをもった。GATT は多国間で、（農作物を除く）物品の貿易の自由化を進めるために、物品への関税を引き下げ、数量制限を撤廃するものであった。

EC は 1968 年に対外共通関税を導入したが、これをめぐってはアメリカと国際的に駆け引きがあった。アメリカは、EC 諸国が対外関税の導入と域内関税の撤廃にむけた動きをみせはじめると、

GATT の関税引き下げ交渉を提唱し EC 諸国に対しても低い対外関税を導入するように圧力をかけていた（1964-67 年のケネディ・ラウンド交渉）。EC の対外共通関税は、この交渉でアメリカなどと GATT で合意した関税率を反映していた。

　1973-79 年の GATT 東京ラウンド交渉からは、欧州委員会が EC 代表として物品貿易について交渉する主体となった。EC 司法裁判所が物品貿易については EC に「共通通商政策」の排他的権限があると認めたからである。このラウンド交渉では、物品貿易の輸出補助金の削減、ダンピング防止措置など、関税以外の貿易障壁を取り除く措置が合意された。

　1986-94 年のウルグアイ・ラウンドでは、GATT を WTO（世界貿易機関）に改組し発展させることが話し合われた（そして WTO は 1995 年に発足した）。物品の貿易については、これまで除外されていた農産物にも自由貿易の原則が及ぼされることになった。そのため、EC とアメリカが、農業補助金の削減をめぐって激しく対立した。双方とも国内農業の補助金や農産品の輸出補助金の制度があった。アメリカは EC の「共通農業政策」（とくに価格支持政策や輸出補助金制度）を保護主義だと批判した。両者の妥協により、双方とも補助金制度を残すが、額は削減することになった。それゆえ EC は、「共通農業政策」の改革に着手せざるをえなくなった（第 2 章参照）。なお、このラウンドでは、物品の貿易以外にも、新しく、サービスの貿易の自由化その他も取り上げられた。その際、EC が「共通通商政策」の一部としてサービス貿易の交渉まで行う権限があるかどうかが EC 内では問題となった。EU 司法裁判所は、サービス貿易の交渉権限は全面的に EC にあるわけではないと判断したため、EC 諸国と EC（＝欧州委員会）の両方がサービス貿易の交渉にあたった。

EC と世界の関わり ⑵：EC と日本

ECは70年代初頭、「共通通商政策」の一つとして日本とも包括的な貿易協定を結ぼうとしたが、貿易条件の折り合いがつかず、交渉は決裂した。その後、ECと日本は1970-80年代を通して「経済摩擦」を抱えた。

日本は、高度成長とともに対EC輸出を増やしたが、ECは対日輸出が伸びず、1968年以降1990年代初頭まで、恒常的に多額の対日貿易赤字を抱えた。1970年代の長期経済不況からEC諸国が脱せず苦しむ中、日本の経済は回復し、1970年代半ばから、電子機器や自動車などの対欧輸出が「集中豪雨」的に増大した。欧州委員会のある役人は、1979年の内部文書で、日本人を「ウサギ小屋に住む仕事中毒」だと呪った。フランスは1982年に突然、日本のビデオ録画機の通関作業を、内陸部のポワチエに移して、日本製品の通関を停滞させた（これは8世紀の昔、フランク王国がウマイヤ朝のイスラム勢力を撃破した「ポワチエの戦い」の現代版だと揶揄された）。1980年代後半、ドロール欧州委員会が域内市場の自由化を進めると、日本企業は続々とEC域内に投資をして進出したが、その一方でEC諸国の企業の対日投資は伸びなかった。欧州委員会は、日本市場の開放を繰り返し求めた。また日本の酒税法が洋酒に差別的であるとGATTに訴え、その主張が認められ、日本は酒税法の改正を迫られた。さらに欧州委員会は、日本企業のEC向け輸出品に対してはダンピング対抗課税を次々と課した。これは、日本企業が同じ製品を国内より安くECで「ダンピング（投げ売り）」しているから、国内価格と投げ売り価格の差額分を課税して適正価格に戻すというのである。課税された日本企業は、ECの用いる価格算定式が不当だとECの裁判所で争ったが敗れ続けた。その主張が認められたのは、GATTにおいてECの算定式の不当性が認定された1990

年代に入ってからである。80 年代を通して日本は EC だけでなく、アメリカとも通商摩擦を抱えた。そのため日本は 80 年代後半から輸出主導から内需拡大へと経済政策を転換させていった。

1990 年前後に対 EC 輸出で最も問題となったのが、日本車であった。EC 域内の自動車業界は、日本車のヨーロッパ輸出を脅威とみた。日本は逆に EC 諸国の一部が日本車に課している数量制限などの輸入制限措置が、域内市場の完成という EC の目標に逆行していると批判した。欧州委員会は、両者の利害を折衷した案を提示し、日本の自動車業界もこれを受け入れ、1991 年 7 月、日欧自動車合意が業界間の自主合意として成立した。この合意は、1999 年に域内に残る日本車輸入制限措置が撤廃され、域内市場が日本車に対して完全に開放されることを条件に（＝日本側の利害）、1993 年から 99 年までは日本の業界が日本車の輸出の自主規制と輸出台数監視を行う（＝ EC 側の利害）というものであった。

この 1991 年が、EC と日本の経済分野での関係が対立から協調へと転換していく年となった。日本政府と欧州委員会は、自動車合意と軌を一にして、「日 EC 共同宣言」を発表した（91 年 7 月）。これは日本・EC の双方が、「自由、民主主義、法の支配および人権」、そして「市場原理、自由貿易の促進および繁栄しかつ健全な世界経済の発展を信奉」することを確認し、「政治、経済、科学、文化その他の主要な国際的問題」を双方が、首脳レベルの定期会合を通して、協議することを約したものであった。これ以後、両者は対話と協調へと向かっていった。

EC と ACP 諸国　EC 諸国の多くは、第二次大戦当時まで、アフリカやカリブ海などに多くの植民地をおいていた。それらの地域が戦後次々と独立していった。EC が発足した当時、戦前の面影を払拭できず、EC 諸国はそうした新規独立国たる

旧植民地諸国を援助する対外活動を、各国としても行い、また EC を通しても行った。EC として行った主なものは「連合協定」の締結であり、「ヤウンデ協定」(1959-74 年)、それを改正した「ロメ協定」(1975-99 年) が締結された。

　ロメ協定は、アフリカ、カリブ海、太平洋の諸国（ACP 諸国）と EC との間で交わされた連合協定で、当初 46 の ACP 諸国が参加し、第 4 回改訂時には 71 の諸国が参加した。協定の内容は、EC が ACP 諸国の産品に特恵的な関税を認めて、EC 市場へのアクセスを広く認めること（逆に ACP 諸国は EC 産品に特恵関税を認める必要はない）、また ACP 諸国産品の価格下落などによる損害は EC が補填すること、ACP 諸国の開発や投資を支援することなどであった。

EC とヨーロッパの近隣諸国の関わり

EC/EU の拡大（加盟国の増加）

	年	数	原加盟国 と新規加盟国
E C 時 代	1958	6	フランス、ドイツ、イタリア、オランダ、ベルギー、ルクセンブルク
	1973	9	英国、アイルランド、デンマーク
	1981	10	ギリシャ
	1986	12	スペイン、ポルトガル
E U 時 代	1995	15	スウェーデン、フィンランド、オーストリア
	2004	25	エストニア、ラトビア、リトアニア、ポーランド、チェコ、スロバキア、ハンガリー、スロベニア、マルタ、キプロス
	2007	27	ルーマニア、ブルガリア
	2013	28	クロアチア

加盟交渉　　EC 時代の対外活動は、以上のように、経済分野の活動が主たるものであった。しかし加盟交渉については、

経済的な観点だけでなく、その国を加えることで EC が世界におい
てどんなウェイトや意味をもつかという政治的な観点からも展開さ
れた。

　実際、EC から EU への時代を通して、加盟交渉という対外活動
は、EU 諸国共通の価値観が反映された原則、EU 諸国共通の政治
や法の概念、EU 域内で作り上げたルールや規格や基準を、ヨー
ロッパの近隣諸国に普及させ共有させていく活動であり、「同じよ
うな考え方をもった隣人 (like-minded neighbours)」を多く周りにつ
くり、ヨーロッパの恒久平和と経済繁栄を達成する政治的な対外活
動＝外交になっていた。

　加盟交渉については、EC 時代から EU 時代までを、ひとまとめ
にここで述べる。

　EU には、どの「ヨーロッパの国」も加盟を申請でき、申請を受
けた閣僚理事会は、欧州委員会の意見を聞き、欧州議会の承認を得
て、加盟にむけた交渉開始を全会一致により決定する（EC 時代は、
欧州議会の承認は不要であった）。

　EC 時代も現在の EU でも、基本条約はこのような手続を定める
が、実際には、加盟交渉の実践を通して、EU に加盟を申請する国
が満たすべき、暗黙の前提条件が確立していった。そしてこの前提
条件が 1993 年に「コペンハーゲン基準」として明示された。

　前提条件の 1 は、加盟申請国が既存の EC/EU 法と EC/EU 運営
の実務慣行の蓄積をすべて受け入れるという条件である。この蓄積
のことを EC 時代はフランス語で「acquis communautaire（アキ・
コミュノテール、共同体の既得成果）」といった。1973 年にイギリス
などが加盟したときからアキの受容は新規加盟国の義務であった。
東欧諸国が加盟するころまでには、このアキが膨大な量になってお
り、誇張して 10 万ページの EU 法を受容しなければならないなど

といわれた。

　前提条件の 2 は、加盟申請国の国内政治体制が安定した民主政治であり、人権が保障され、（人の支配ではなく）法の支配が達成されていることである。この条件があったため、ギリシャ、スペイン、ポルトガルの加盟は 1980 年代にずれ込んだ。これらの国では長く独裁政治が続き、1970 年代半ばに民主的な法治国家に転換した。その後ようやく EU 加盟の申請が認められた。

　前提条件の 3 は、資本主義の市場経済体制をとる国であることである。これは前提条件の 1 に隠されている。既存の EC/EU 法は、資本主義の自由市場経済のルールだからだ。この条件があるから、冷戦期の社会主義経済体制をとっていた東ヨーロッパ諸国が EC に加盟することはありえなかった。それらが加盟申請できたのは、冷戦後の民主革命と経済体制の転換を経てからのことである（2004、2007、2013 年の拡大）。

　こうした実践からでてきた前提条件を「コペンハーゲン基準」として 1993 年に EU 諸国は明文化した。よって、ヨーロッパ地域にある国で、民主主義と法の支配があり、人権保護をする、安定した体制の国で、市場経済をとり、既存の EU 法・実務を全面的に受諾する国にのみ、前述の手続に従い、加盟の門戸が開かれているということになる（なお、現行の EU の基本条約（EU 条約 49 条、2 条）は、コペンハーゲン基準の一部しか加盟条件に示していないが、同基準を変更するものではない）。コペンハーゲン基準は、言い換えれば、特定の政治原則や経済体制の国だけを EU に受け入れるという態度である。つまり加盟交渉は、EU からみれば、自らの価値とルールを共有する近隣国を選び出し、あるいは作り出して、仲間に加えていく外交戦略である。たしかに EU はその戦略に成功し、まず西ヨーロッパ諸国に、そして冷戦の解消後は、東ヨーロッパ諸国にも、自

由で民主的で資本主義の市場経済の価値とルールを普及させ、ヨーロッパの恒久平和も波及させていった。

　ただし、第1章でふれたヨーロッパ評議会（Council of Europe）もまた、自由で民主的で人権を保障する政治体制を推進する役割を担っていた。EUの拡大は、EUだけの成果ではなく、こうした重層的な戦後ヨーロッパの平和構築の流れの中で進められたことを忘れてはならない。

　加盟候補国への援助　とはいえ、EUはヨーロッパ評議会と異なり、加盟を望む近隣諸国にEUの価値観や市場経済ルールを確実に普及させるための経済的な手段をもっていた。これが価値やルールの受容を強烈に迫る道具となった。

　しばしばEC/EUは、加盟申請をした国と「連合協定（association agreement）」を締結し、それを通して財政援助や人材育成援助などを供与し、加盟に必要な法令整備などの準備をさせて候補国として認め、その後正式に加盟交渉を行い、加盟させるという手順を踏んだ。

　たとえば東欧諸国が、1990年代前半から半ばにかけて、EUへの加盟申請をしたとき、EUはまずそれらの国々と個別に「ヨーロッパ協定（Europe Agreement）」と呼ばれる連合協定を締結して、徐々に貿易の自由化を進め、並行して、加盟のための法令整備や人材育成などを援助した。連合協定と連動して策定された「Phare（ファール［フランス語で灯台という意味］）計画」は、東欧諸国への援助計画であって、1990年代から2004/07年のEU加盟にいたるまでの間、多額（2000年代は年総額15億ユーロ）の財政援助をEUが供与し、東欧諸国の法令整備、人材育成、公共工事投資などに用いられた。EU灯台は、援助の光を放ち、東欧諸国を光源へ導いていった。

コラム：トルコの EU 加盟問題

　トルコは、1964 年に EU と連合協定を結び、1987 年には EU 加盟を申請した。EU は 1997 年にようやくトルコの加盟申請を受理したものの、加盟交渉は 2005 年まで開始しなかった。その後も交渉は遅々として進んでいない。加盟交渉がここまで遅延した例は他にない。

　遅延の理由は、公式には、トルコの民主政治の不安定さや東部のクルド人への人権侵害などが挙げられる。だが、EU 側にも交渉加速をためらう理由がいくつか考えられる。

　一つは、トルコが人口大国であり、EU 諸国間の政治を大きく変えうるため旧来の EU 諸国に不安を与える点である。トルコの人口は、ドイツより少ないがフランスより多い。加盟すれば、トルコはドイツに次ぐ人口大国として閣僚理事会に参加するから、EU 諸国間の政治は大きく変化しうる。

　二つには、伝統的にトルコからドイツなどへの移民が多く、加盟によりさらに移民が生じ、旧来諸国の国内世論や国内政治が緊迫することを、諸政府が懸念する点がある。

　三つには、トルコ国民の圧倒的多数がイスラム教徒であり、キリスト教徒が国民の多数を占める旧来諸国が国内社会の対立や不安の深刻化を懸念する点がある。すでに EU 諸国内にはイスラム教徒が 2010 年に約 1900 万人おり、フランスの人口の 10%、ドイツでは 5%、イギリスでは 4% を占めている[1]。

　しかし、第 1 の不安は EU 政治の保守化を示しており、それは政治的選択の一つにすぎない。第 2・第 3 の懸念は、EU においては、宗教や人種などによる差別を禁止し、人の自由移動を基本原則としているのだから、加盟交渉を EU 側が遅延させる正当な理由にはならない。もっとも各国の政治家が国内世論によって動くのは世の常である。だがそれは政治的便宜であり、原理原則は便宜では変えられない。トルコの EU 加盟交渉は、EU 諸国が EU のもとで自ら信奉する原理原則に忠実でいられるかの試金石でもあれば、トルコが EU の要求する原理原則にどこまでこたえうるかの試金石ともなっている。

コラム：EU からの脱退（離脱）

　加盟国が EU から脱退できるかをめぐっては、EC 時代から学説の対立があったが、国ごと丸々脱退する例はなかった（デンマーク領グリーンランドが 1982 年に EC 離脱を自治権にもとづき決定し、そこでデン

マークがEC法の対象地域からグリーンランドを外す交渉をした例はあったが）。2004年に（結局は発効せず失敗した）欧州憲法条約が締結されたとき、初めてEUからの一方的脱退権を加盟国に認める規定が置かれた。それが2009年発効のリスボン条約にほぼそのまま受け継がれ、現行のEU条約50条となった。

　同条によれば、EUの加盟国は自国の憲法の要件に従って一方的に脱退を決定でき、脱退意思を欧州理事会に通知する（同条1・2項）。ここまでは脱退国が独自にタイミングを図って行える。いったん通知があれば、そこからはEU法が支配する。EU条約50条は、通知時から原則2年の脱退協定交渉を予定する（欧州理事会の全会一致で2年は延長できる）（同条2項）。もっとも脱退協定なくそのまま脱退することもできる。脱退協定なく脱退するときは通知から2年を経過したときにEU基本条約の適用が終了し、公式に脱退したことになる。脱退協定があるときはその発効時に公式に脱退となる（同条3項）。

　脱退した国は、EUの構成国としての地位を失い、域外の第三国となる。それゆえ脱退協定では、脱退後も脱退国の国民や脱退国内にあるEU市民・法人に存続するEU法上の権利や義務が何かを決めておく必要があるだろう。それらの権利を消滅させる場合は経過規定を置かねばならないだろう。また脱退国は新たにEUとの関係に関する新協定（通商や政治協力等の協定）を結ぶ必要もあるだろう。EUがそれまでに締結した域外第三国との通商協定は、そのままでは脱退国に適用されなくなるから、脱退国はEUおよび相手方第三国と新協定を結ぶ必要もでてくるだろう。一方、脱退国内では、それまでに国内法に転換されたEU法（EU指令）はすでに国内法なので存続する。だが、国内法に転換される必要がなくそのまま国内に適用されていたEU規則などについては、その内容により改めて国内立法により同内容を定めたり、逆に適用終了を決定したりする必要があるだろう。

　脱退を決定した国が通知から2年以内に変心して脱退通知を撤回できるかどうかについては学説の対立があるが、撤回は可能だろう。なぜなら、EU条約50条5項は、いったん公式に脱退してしまった国が再加盟したいときは、加盟手続（EU条約49条）に従って申請すると定めるのだが、この規定が、通知から2年以内に変心して脱退を撤回したい国に、撤回を一切認めずとにかく脱退させ、それからもう一度加盟申請させるといった酷ないし不条理を強いる趣旨であるとまでは読めないからである。撤回を認め法的な連続性と安定性を保障するほうが、是が非でも脱退させ再加盟手

統をさせてその間の数年間の法的不安定をわざわざ引き起こす結果になる
解釈よりはるかに合理的であり、またヨーロッパ統合の目的（より緊密な
連合・連帯）にも適うのである。

EEA　スウェーデン、フィンランド、オーストリアの３カ国が、
1995 年に EU に加盟したのは、コペンハーゲン基準に阻ま
れていたのではなく、その３カ国の政治的な選択であった。

　1960 年に遡るが、西ヨーロッパ地域では、独仏主導の EC 設立
に対抗して、イギリス主導の EFTA（ヨーロッパ自由貿易連合）が設
立され、スウェーデン、ノルウェー、デンマーク、フィンランド、
ポルトガル、スイス、オーストリアがこれに加盟していた（後に、
アイスランドやリヒテンシュタインも加盟した）。

　しかしその後 EFTA は勢いを失う。1973 年にイギリスとデンマー
クが EFTA を脱し、EC に加盟した。そして 1980 年代後半、EC 域
内市場の統合が進みはじめると、スウェーデン、フィンランド、
オーストリアの３カ国も EC 加盟を望むようになった。

　しかし当時のドロール欧州委員会は、域内市場の統合を優先し、
加盟を望む３カ国には、1989 年に EEA（European Economic Area,
欧州経済領域）構想を提示した。これは EC に加盟しないまま EC
法上の自由移動の権利などを享受できる地位を EFTA 諸国に認め
る。ただし、その諸国は EC の立法や政策形成には参加できないと
するものであった。つまり加盟せずに EC のルールを使えるが作れ
ない地位を提案したのである。３カ国は、やはりルールを作れる加
盟のほうが政治的に有利とみて加盟申請をし、1995 年に加盟した。

　EFTA 諸国のうち EEA を締結したのは、アイスランド、ノル
ウェー、リヒテンシュタインである。スイスは EEA を拒否し、EC
と独自の二国間協定を結んだ。

経済手段による政治目的の達成⑴：加盟交渉・EEA

加盟交渉から EEA まで通覧すると分かるが、これらは、EU の外交活動ともいえる。近隣諸国に対して、広大な域内経済市場の魅力を見せつけて加盟意欲を湧かせ、意欲を示した諸国には、しばしば援助を与えながら、EU の価値とルールを受容することを条件に加盟交渉をし、加盟させる。加盟国あるいは加盟に満たないが EEA のような地位を近隣国に与え、「同じような考え方をもった隣人」を増やして、ヨーロッパの恒久平和と繁栄を拡大する。経済手段（EC）で政治目的（平和）を達成する外交であった。

経済手段による政治目的の達成⑵：経済制裁措置

EC 諸国が経済手段を政治目的の達成のために使う例は、もう一例、EC 時代に見られた。経済制裁措置である。

1970 年代半ばまでは EC 諸国は、域外国に対する制裁は、経済制裁を含めて、各国の外交主権に属するものだと考えていた。よっておよそ EC の扱う事柄ではないと考えていた。

しかし、1980 年代に入ると、EC 諸国は、EC の首脳会合や外務理事会の前後に、それとは物理的にも別の部屋でするなど区別して、外交・安全保障問題を政府間で協議するようになっていた。やがて、いちいち部屋を変えるのが面倒になり（通訳や随行員の移動も大変な手間であり）、EC の理事会をした同じ部屋で、非 EC の政府間（首脳や外相の）会合 —— 後に EPC（European Political Cooperation, 欧州政治協力）と呼ばれる —— をもつようになった。おのずと議論は EC と非 EC の議題が交錯していった。この実務を 1986 年の欧州単一議定書は公式化し、「EPC」と名づけ、EPC と EC は制度としては区別されるが、「欧州理事会」（首脳会合）が両者を橋渡しする（＝交錯した問題を扱う）と定めたのであった。EC と EPC との交錯もまた（EC の脱経済化とともに）、1990 年代の EU 設立の素地となった。

の実務が成立しつつあった1980年代前半に、EC諸国政府は、
の政府間協議で合意した諸国共同の外交措置（たとえば域外
国に対する共同非難決議や共同制裁）のうち、経済的な部分はECの
「共通通商政策」の権限で行うことを始めた。特定の域外国への輸
出やそこからの輸入を禁止する措置などをECの「共通通商政策」
の措置としてとるのである。初事例は1982年の2つのEC禁輸規
則（対ソビエト、対アルゼンチン）であった[2]。ソビエト制裁はポー
ランド内政へのソビエトの圧力行使に対する抗議、アルゼンチン制
裁はイギリス領フォークランド諸島へのアルゼンチンの侵攻に対す
る抗議だった。

（2）EU 時代

　1993年11月にEUが発足すると、いよいよEU諸国は、経済分
野だけでなく、外交・安全保障などの政治的課題にも、EUを通し
て取り組むようになった。経済分野での対外活動には、内容の変化
が生じた。連合協定などで経済的に緊密な関係をもっていた諸国に
対しても、EUは、人権や法の支配など、一定のEUが価値とする
法原則や政治原則を共有するように求め、それを開発援助の条件に
するようになった。経済と政治の対外活動が交差し融合してきた。

　他方、外交・安全保障の分野や警察・刑事司法協力の分野に、め
ぼしい成果が生まれてくるのは1990年代末からである。というの
は、1990年代を通してEUは、「共通外交・安全保障政策」や「司
法・内務協力（後の警察・刑事司法協力）」の制度のもとで、（ほとん
どの意思決定を閣僚理事会の全会一致にしていたため）機動的な政策
形成ができず、そこで何度も条約改正を繰り返して、制度の改良に
没頭していたからである。改良は2009年のリスボン条約で一段落
した。

　また、活動成果を出すには、制度の改良だけでは足りず、EU 諸国間の政治も変える必要がある分野もあった。ヨーロッパ防衛の分野である。というのは、ヨーロッパの防衛をどの国際的な枠組みで行うかをめぐって、1950 年代から英仏には路線の対立があったからである。フランスは 1950 年代の欧州防衛共同体の構想以来、アメリカに左右されない、ヨーロッパ独自の軍事力の枠組みを主張してきた。イギリスは一貫してこれに反対し、アメリカが主導する NATO の枠組みを支持する立場をとってきた。

　しかし、東西冷戦が終わり、またユーゴスラビア解体後のボスニア紛争などに対して NATO が即応せず、NATO もヨーロッパ地域の問題はヨーロッパ諸国が軍事力も使って解決することを期待する態度を示した。そのため、英仏両国が歩み寄り、EU 諸国の軍事力を NATO を補完する範囲で EU の下に結集して EU の軍事力として行使することに合意した。1998 年 12 月のサン・マロ（St. Malo）の英仏共同宣言である。

　これ以後、2000 年代に EU の防衛政策が具体化しはじめ、救援・平和維持・危機管理・平和創出任務（いわゆる「ペータースベルク任務」）のための EU 緊急展開軍を EU 諸国の軍隊を組み合わせて編成するようになった。こうした任務は WEU（西欧同盟）が担当していたが、2010 年代には EU が引き継ぎ、WEU は解散した（第 1 章参照）。

　現在の EU の基本条約（リスボン条約）は、2000 年代以降の EU の対外活動全般の精神や原則を、次のように表現している。

┌─ コラム：EU 条約 21 条 1 項 ─┐
　EU の国際舞台における行動は、EU の……諸原則に導かれ、それらを広

い世界において推進するよう設計される。その諸原則とは、民主主義、法の支配、人権および基本的自由の普遍性および不可分性、人の尊厳の尊重、平等および連帯の諸原則、ならびに国際連合憲章の諸原則および国際法の尊重である。

　EU は、前段に述べる諸原則を共有する第三国および国際機構、地域機構または世界機構との関係を発展させ提携をする。EU は、共通の課題に対する多国間の解決を、とりわけ国際連合の制度において、推進する。

　これに対応して、EU は、経済から政治までの諸課題について対外活動をする権限をもっている。もっとも、外交・安全保障・防衛に関する活動については、基本条約が EU 諸国の全会一致を要求する事項がいまだに多い。そのため、その分野については、実際に EU としての対外活動が成立する例は多いとは言えない。EU 各国が独自の外交を行ったり、一部の EU 諸国が有志グループで安全保障の活動をしたりする例がはるかに多い。

経済制裁措置：経済手段による政治目的の達成

EU が経済から政治まで総合的に政策を形成し、実施できる体制になるにつれ、経済手段で政治目的を達成する実務のうち、とくに経済制裁については、1990 年代に EU の基本条約において明文化されていった。2000 年代に入ると、域外国に対する経済制裁だけでなく、国家と関係のない個人（テロリストなど）に対しても、EU が政治目的（治安の維持）で経済制裁（個人の EU 内入境禁止や資産凍結など）をするようになった。これは新たに人権問題を引き起こした。

個人制裁と人権保護

2000 年代以降、EU が個人や団体を狙い撃ちして経済制裁をするようになった。制裁された人々や団体が次々と訴訟を起こし、EU 法が保障する人権が侵害されたと EU の裁判所に訴えた。

EU の人権保障 EU 諸国と EU 機関は 2000 年に「EU 基本権憲章」を採択し、EU が保護する人権を具体的にリストアップした。「人の尊厳」、「生命への権利」に始まり、「公正な裁判を受ける権利」、「表現の自由」、「教育を受ける権利」、「財産をもち使う権利」など、EU 諸国の憲法やヨーロッパ人権条約が保障する人権はすべて取り入れてあり、これらの権利は個々人が裁判で権利として主張できる。EU 基本権憲章は、さらに加えて新たに、「環境保護」「消費者保護」といった社会的な利益についても、EU や国が政策を作る上で必ず考慮すべき原則であることは人々が主張できるものとした（ただし個々人の権利としては主張できない）。

EU 司法裁判所は 1970 年代から、このような明文の憲章がなくても、不文の「EU 法の一般原則」として人権が保障されるという立場をとっていた。「法の一般原則」とは、社会で共有されている当然のルールであって明文に書くまでもないような条理をいう。人権保障はそういう EU 諸国に共通の条理だと EU 司法裁判所は扱っていたのである。だが、個々の具体的な人権が明文で示されるほうが、人々は人権を主張しやすい。しかも EU が警察分野や安全保障分野まで扱うことになるなら、それだけ人々の人権が侵害される恐れもふえる。そこで、2000 年にこの憲章が政治的な宣言として採択された。その後、2009 年発効のリスボン条約で、正式にこの憲章が法的に権利を発生させるものとして認められた。

制裁による人権侵害 名指しで EU から資産凍結などの経済制裁を受けた人々は、「EU 法の一般原則」や EU 基本権憲章が保障する人権を侵害されたと主張した。次の事件が有名である。

【カディ事件[3]】

　2001 年、国連安全保障理事会は、テロリストのビンラディンとテロ組織アルカイダを支援する個人としてスウェーデン在住の EU 市民 K 氏を特定し、その資産凍結を国連加盟国に求める決議を採択した（安保理決議）。EU 諸国は、安保理決議を実施するために、2002 年、閣僚理事会において EU 規則を採択して K の資産凍結をした。K は EU 一般裁判所（当時は EU 第一審裁判所と呼ばれていた）に閣僚理事会を訴えて言った。自分を制裁する EU 規則は事実誤認にもとづくのに、自分に弁明させる機会もなく一方的に不意打ちで制裁している。制裁理由の説明やそれに対する自分の弁明の機会が与えられなければ、制裁された正確な理由が分からず、制裁が不当だと訴える裁判も適切に起こせないから、こういう一方的な不意打ちは「公正な裁判を受ける権利」を侵害している。しかも資産凍結で自分の「財産をもち使う権利」が侵害されている。だから EU 規則は違法だ、と。

　EU 一般裁判所は、K を敗訴させた。理由はやや複雑であった（興味のある人は注参照[4]）。上訴を受けた EU 司法裁判所は、逆に、K の主張を認めた。

　司法裁判所はいう。EU 規則は EU 規則であって、安保理決議を実施するための EU 規則であっても EU の法規であるから、安保理決議と同視せず別物と考えるべきだ。EU 規則が EU 法上の人権を侵害しているかどうかをストレートに判断すべきである。それで判断するに、たしかに K の言う通り、制裁に至った理由が示されず、K に弁明の機会も与えないというのは「公正な裁判を受ける権利」を害する。弁明の機会なく財産を凍結されるのは「財産をもち使う権利」を侵害する。だから EU 規則は違法だ、と。

　こうして K については、閣僚理事会が制裁理由を説明し、K に弁明の機会を与えることになった。もっとも、この手続をしても、K は依然として資産凍結の制裁を受け続け、制裁を解かれたのは 2012 年だった。

個人に対する経済制裁は、このように人権侵害を引き起こしやすい。しかしテロ対策のように公共の安全が他方の利益として天秤にかけられる事例では、制裁対象となった人の人権も相当に制約されてしまう。とはいえ、EU 司法裁判所が、安保理決議を実施する EU の制裁措置に対しても、人権保護のために裁判所の審査が厳しく及ぶと断言したことは、EU の法の支配を高めたといえるだろう。

現在の経済制裁手続　このような経緯から、現在の EU の基本条約（リスボン条約）は、EU が経済制裁措置を域外国や個人に対してとる手続を次のように定めている（EU 運営条約 215 条、EU 条約 21、22、26、28、31 条）。

① 欧州理事会が共通外交・安全保障政策の目的と指針を全会一致により示す（そのために閣僚理事会が全会一致で域外特定国・特定事象について欧州理事会に勧告をすることもある）。
② 欧州理事会の指針で制裁が示されたときは、上級代表と欧州委員会が具体的な制裁措置案を共同提案する。
③ 共同提案にもとづき、閣僚理事会が特定多数決で制裁措置を具体的に決定する。人権保護など必要な法的保護には配慮する。
④ 決定内容は欧州議会に伝える。

EU と世界の関わり　EU は、冷戦後の世界で、とりわけ台頭する中国、ロシア、成長が見込まれるインドなどの新興勢力があり、これらが世界政治や国際秩序を変化させていると見て、ヨーロッパの経済成長のための世界戦略として、2006 年に『世界のヨーロッパ、世界で競う（Global Europe:Competing in the World）』という欧州委員会文書を公表した。それは、域内市場をさらに完成させることを前提に、海外の市場をさらに開放させることが重要だという。具体的には、海外市場の非関税障壁の除去、エネルギー資源の入手確保、知的財産権やサービス産業や投資などの分野での経済成長の促進を狙うことだといい、そのための手段として、WTO での多角的な自由化交渉を進めることはもちろんだが、その交渉が難航しているため、経済活動を広く対象にする包括的な経済連携協定を、アジアや南米など今後の市場拡大・経済成長が見込める諸国と優先順位をつけて戦略的に締結するべきだと論じた。

その後の EU の経済分野での動きは、おおよそこの方向で動いてきた。

EU と WTO

WTO については、2001 年から新たな交渉（ドーハ・ラウンド）が始まったが、先進国と途上国の利害の相違が大きく、交渉は決裂して今日に至っているので、EU と WTO の関わりは、すでにある WTO のルールをめぐる紛争にみられるにとどまる。

1995 年に WTO が発足すると、EU は WTO の貿易ルールに違反する世界の諸国を WTO の紛争解決機関に訴え、また逆に訴えられるようになった。

特筆に値するのは、アメリカなど先進国との貿易紛争である。EU は先進諸国とはおおむね良好な経済・政治関係にあるが、ときに深刻な貿易紛争を抱えた。とりわけ、人の健康や環境を「予防原則」にもとづいて保護する EU の貿易制限措置や、「動物の福祉（animal welfare）」の保護を目的とした EU の貿易制限措置を、アメリカやカナダなどは WTO ルール違反だと争った。WTO ルールには書かれていない「非貿易的関心事項（non-trade concerns）」が、貿易制限の正当理由になるのかという論争の幕開けだった。典型例をみてみよう。

【成長ホルモン牛肉事件[5]】

アメリカでは、肉牛の成長を早めるホルモンの投与が認可されていた。科学的に有害だと立証されない限りは、自由に使えてよいというのがアメリカの立場である。一方 EU は、科学的に無害だと言えない限りは、有害のリスクをそれぞれの政治社会の判断として回避する措置をとることも正当だという「予防原則」の立場をとる。そこですでに EC 時代から、肉牛への成長ホルモン投与を禁止し、ホルモン牛肉の食用を禁じていた。

EU 時代になり、世界では WTO が発足した。アメリカは EU の禁止をWTO のルール違反だと、WTO の紛争解決機関に訴えた。EU は「予防原則」を主張して、成長ホルモン牛の肉の輸入禁止は正当だと反論した。

WTO の紛争解決機関の第 1 審にあたるパネルはアメリカの主張を認めた（1997 年）。EU は上級委員会に上訴したが、ここでもアメリカの主張が認められた。上級委員会は、EU の「予防原則」の主張にも一定の理解を示したが、EU の科学的な立証の努力が不十分すぎるとしてアメリカを勝訴させたのだった（1998 年）。

両者の紛争は、その後も続いた。アメリカは WTO のルールにもとづいて、紛争解決機関の判断に従わない相手方に対する対抗措置（＝制裁措置）をとった（1999 年）。EU は、あらためて入手可能な科学的証拠にもとづくリスク評価をし、再び成長ホルモン牛肉の輸入を禁止する規則を制定した（2003 年）。そして今度はアメリカに対して、リスク評価を入手可能な科学的証拠にもとづいて適正にやった上での禁輸なのだから WTO ルールに適合しており、それでもアメリカが対抗措置を続けているほうが違法だと WTOに提訴した（2005 年）。WTO の紛争解決機関は、さきの上級委員会の立場を繰り返して、現行のルールの範囲では EU の主張を全面的に認めるわけにはいかないと述べつつ、アメリカ・EU の双方に紛争解決手続の続行を勧告して終わった。この問題は、WTO ではすっきりと解決されないまま今日に至っている。

【アザラシ事件 ── WTO[6]】

EU 諸国では、1970 年代から、脊椎動物など感覚のある動物に苦痛を与えない配慮を人間がすべきだという考え方（「動物の福祉」の保護論）が次第に有力になった。EU でもとくに 1990 年代以降その考え方にもとづく立法がいくつか採択された。2009 年のアザラシ製品輸入販売禁止規則（Regulation 1007/2009, ［2009］OJ L 286/36）もその一つであった。北極圏でもっぱら商用を目的に猟銃やこん棒でアザラシを大量に殺して皮をはぎ、商品にして販

売することが多くなったことを EU は憂慮した（ただし、原住民イヌイットが伝統的な手法でアザラシをとり、生活のために商品販売したものは禁止の例外とした）。

この EU 規則を、カナダなどが WTO に貿易ルール違反だと訴えた（2010 年）。

WTO のパネルは、EU の規制を「公衆道徳を保護するための措置」として正当と認めた（2013 年）。上級委員会も、同じ理由で EU の規制を正当とみとめた（2014 年）。

【アザラシ事件 —— EU[7]】

同じ 2009 年 EU 規則をカナダのイヌイット団体などが、EU 法上、違法な立法だと訴えたのがこちらの事件である。EU 一般裁判所は、訴えを次の理由で退けた。この規則は、EU 諸国の中にアザラシ製品禁輸法をつくった国があり、域内市場での法規制を統一する必要が現実にあって行われた立法だから、域内市場の立法として根拠がある。各国がバラバラで規制するよりも EU で一律に規制するほうが適しており（補完性原則も満たす）、また必要最小限の規制になっている（イヌイットの自活手段としてのアザラシ猟は禁止していない）から、立法として不適切なところはない。しかも、イヌイットの伝統的狩猟は禁じていないので、彼らの人権である財産権も侵害されない。だから EU 規則は適法である、と。

世界でも有数の貿易大国と EU が WTO のルールのあり方をめぐって争うことは、その諸国や EU の政治・経済のウェイトからして、国際的なルール一般のあり方や解釈にも大きく影響を与える。ゆえに、WTO の貿易ルールを、EU が主張するようないくつかの「非貿易的関心事項」を取り込んで解釈してよいかどうかは、諸国政府や専門家のさまざまの議論を呼んでおり、容易に決着はつかない。EU はいわば新たな問題提起（アザラシ事件でいえば EU 規則の立法）をして、世界のルール（国際法）づくりに影響を及ぼしている。それだけに EU の立法の適切さを、世界の人々が EU 内で訴訟を起こして争いもする（アザラシ事件—EU 参照）。

EU と日本　EU と日本は、1991 年の「日・EC 共同宣言」にもとづいて定期首脳協議を行うようになり、EC 時代にみ

られた両者の真っ向からの経済摩擦は姿を消した。定期首脳協議は、経済、政治その他の共通の関心事項に及ぶようになった。

2001 年には、「日 EU 協力のための行動計画」が策定され、「平和と安全の促進」（核不拡散、軍縮など）、「経済・貿易関係の強化」（日 EU 双方の規制改革の促進など）、「地球規模の問題及び社会的課題への挑戦」（環境保護協力、テロ対策など）、「人的・文化的交流の促進」（教育交流、市民交流など）の 4 目標を達成するための具体的措置が掲げられた。その後は、この計画に即した成果が徐々にでてきた。

たとえば、経済分野では、商品の規格や安全性基準の相互承認の対象を増やす協定、競争法（独占禁止法）の執行に関する日本と EU の当局間の協力、とくに日本市場への EU 諸国企業の参入が難しいことから、日本の規制改革に向けた定期対話などが進められた。

また政治分野では、2004 年には「軍縮・核不拡散に関する日 EU 共同宣言」が出された。2009 年には、EU が安全保障政策措置としてソマリア沖海賊対策に EU 諸国の海軍を EU 護衛隊に編成して送ったが、日本も自衛隊の護衛艦や哨戒機を派遣してこれに協力した。2010 年には、刑事捜査や訴追について日本と EU が相互に助け合うことを約した、日・EU 刑事共助協定が発効した（ただし犯罪人の引き渡しは含まない）。また、2011 年の東日本大震災を契機に、日本と EU の間での防災についての相互協力を約する書簡が、国土交通省と欧州委員会の防災総局との間で交わされた（2013 年）。

ところがこの間、EU は 2006 年の世界経済戦略（「世界のヨーロッパ、世界で競う」）にもとづいて、韓国と経済連携協定と政治協定（「枠組み協定」）を交渉し、2011 年に締結した。これにより韓国車など韓国産品の EU 輸入関税が撤廃された。日本の業界は、EU 市場で日本製品には関税が残るので、韓国と比べ競争上不利になると

主張し、日本政府に EU との経済連携協定の締結を強く要望した。日本政府の要請をうけて、EU は 2013 年に日本との経済連携協定の交渉を開始した。EU は日本に政治協力の協定も要求し、そこで戦略的パートナーシップ協定の交渉も並行して始まった。

　EU が、韓国や日本との経済連携協定を交渉するとき、政治協力の協定もセットにして交渉している点は、2000 年代の特徴である。2011 年の韓国の協定では、政治協定たる「枠組み協定」において、EU が価値とする「民主主義、人権保護、法の支配」を韓国も共有し、それを一方当事者が重大に侵害するときは、他方当事者は経済連携協定で認めた自由貿易を停止する制裁措置もとれるという停止条項が入れられた。これは EU が、基本条約に述べる通り、国際舞台において EU の諸原則たる「民主主義、法の支配、人権および基本的自由の普遍性および不可分」などを推進していることのあらわれである。言い換えるなら、EU は対外活動において、経済と政治の両面をリンクさせ、経済手段（経済連携協定）を通して政治目的（EU の価値の普及や、EU 基準・ルールの採用範囲の世界的拡大）を達成しようとしている。

EU と ACP 諸国　1995 年に WTO が発足すると、アメリカが、ロメ協定は EU が ACP（アフリカ、カリブ海、太平洋）諸国だけを優遇する協定だから、全メンバーを平等に優遇すべきとする WTO の自由貿易ルールに違反するとして、WTO の紛争解決機関に提訴し、勝訴した。そのため、EU は ACP 諸国との連合協定を根本的に作りかえることになり、2000 年にコトヌー協定が締結された（2003 年発効）。

　コトヌー協定は、EU と ACP 諸国との関わりを大きく転換した。WTO のルールに整合するように、EU が ACP 諸国だけを特別に優遇することをやめた。開発援助についても変更し、それを続けはするが、ACP 諸国が民主主義と人権を尊重し、汚職のない健全な統治をすることを条件に、援助を行うことにした（これも経済手段を使って EU の価値を世界に普及させようとする EU の実践例である）。EU は、コトヌー協定に掲げた立場に従って、その後、ACP 諸国を地域グループに分けて、グループごとの地域的経済連携協定や個別の国との二国間連携協定を交渉している。

EU と近隣諸国との関わり

EU と近隣諸国との関わり(1)：EU 加盟交渉　2013 年のクロアチアの加盟により 28 カ国になった EU は、その後、5 カ国の加盟候補国を抱えた。トルコとは 2005 年より、2010 年よりアイスランド、2012 年よりモンテネグロと交渉を開始した。マケドニアとセルビアは交渉が開始されていない。

EU と近隣諸国との関わり(2)：欧州近隣政策　EU は、東欧や南欧の構成国よりもさらに外側にある近隣諸国との関わり方について、2004 年に「欧州近隣政策（European Neighbourhood Policy, ENP）」を打ち出した。EU の対外国境のすぐ外側の国々が、EU と敵対し

たり、大きく異なる価値観の国々であるならば、EUの求める、ヨーロッパの恒久平和も安定も繁栄も損なわれる可能性がある。そこで、「民主主義、法の支配、人権尊重」の価値を共有するような、すぐ外側の諸国を確保するために、この政策が打ち出された。

　対象となるのは16カ国で、東隣り諸国は、「東方パートナーシップ」（2009年開始）の対象とされ、ベラルーシ、ウクライナ、モルドバ、グルジア、アルメニア、アゼルバイジャンである。これは主にドイツ、ポーランドなどが提唱した政策である。他方、フランスやスペインが提唱したのが南隣り諸国の「欧州・地中海パートナーシップ」（1995年にバルセロナ・プロセスとして開始、2008年に現行に継承）であって、その対象となるのは、モロッコ、アルジェリア、チュニジア、リビア、エジプト、パレスチナ、イスラエル、ヨルダン、レバノン、シリアである（表紙の裏参照。ただし政治情勢を理由に、ベラルーシ、シリア、アルジェリア、リビアに対するENPの活動は、ほとんどなされていない）。

　このような近隣政策は、EU加盟候補国以外の周辺諸国に対して、EU加盟に結びつく保証はせず、EUがその国の民主主義の市場経済体制への円滑な移行にむけて各国個別に各種の援助をし、EU経済市場と近隣諸国の経済市場の緊密化を図り、近隣諸国からEU域内への労働者や学生の移動を緩和するものである。EUは、対象諸国に総額120億ユーロの助成を2007-13年にかけて供与し、また2012年には、対象諸国の合計320万人にシェンゲン域内の自由移動許可を与えた。こうした近隣政策も、2000年代のEUに特徴的な経済手段による政治目的（「民主主義、法の支配、人権」価値の普及）の達成をめざすものである。

　しかし、ウクライナのようにロシアに天然ガスなど経済的に大きく依存し、国内に親ロシア派も抱えた国に対するEUの「東方パー

トナーシップ」は、かえって国内を分裂させ、ロシアのクリミア自
治区編入や、東部ウクライナへのロシアの潜入と侵攻など、政情悪
化を誘発することにもなった。

（3）EU の対外活動の制度

EC 時代

EC 時代の対外活動を支える制度は、EC が扱う経済分
野については、もっぱら欧州委員会が EC を対外的に
代表していた。欧州委員会が EC の名で「共通通商政策」や加盟交
渉などを進めた。そして日本には、1974 年に、欧州委員会の駐日
代表部がおかれた。

EC 時代、今日いうところの「外交・安全保障」「警察・刑事司
法」の分野の EC 諸国間の協力は、EPC の政府間会合において、
1980 年代から徐々に、見られるようになった。しかし、EPC は
EC 外の制度であったから、欧州委員会がこれの対外代表になるこ
とはなかった。EPC のもとでは、EC 諸国が外交や安全保障などの
分野の問題について、「一つの声」（＝単一の代表）で発言すること
もなかった。EPC は 1986 年の欧州単一議定書で公式に制度化され、
欧州理事会が EC の活動と EPC の活動を橋渡しするものとされた
が、その段階でも EPC の対外代表を誰がつとめるのかは、曖昧
だった。

EU 時代(1)：
90 年代

1993 年発効のマーストリヒト条約で、EU が設立さ
れ、EU 諸国は、「共通外交・安全保障政策」を展開
する制度的な基盤をえた。しかし、当時の EU は、「三本柱」とか
「ギリシャの神殿」造りといわれた。EC の制度（第 1 の柱）、外交・
安全保障の制度（第 2 の柱）、司法・内務協力（後に警察・刑事司法
協力に改変される）の制度（第 3 の柱）という三つの別々の制度を並
列させ、それを「欧州理事会」が統括するという構造だった。

　そのため対外代表は、経済分野は第1の柱（＝EC）なので欧州委員会がつとめた。他方、外交・安全保障分野の対外代表は、第2の柱の事柄なので、閣僚理事会（外相理事会）の議長国や閣僚理事会事務局の事務総長がつとめた。第3の柱は、閣僚理事会の議長国が対外代表をつとめた。このような具合では、域外国からみれば、とうていEUが「一つの声」で語るものには映らなかったし、EU諸国も同感であった。

　EUの条約改正が、1990年代から2000年代初頭まで何度も繰り返されたのは、主としてEUの三本柱構造を改造し、シンプルにし、実際に具体的な政策と行動を展開できるように実効化するためだった。対外代表についていえば、1990年代末の条約改正で、外交・安全保障分野については、閣僚理事会事務局事務総長が公式に「上級代表」とされ、EU外交の「顔」となった。初代は、スペイン出身の外交官でNATO事務総長もつとめたハヴィエル・ソラーナ（Javier Solana）がつとめた。だが当時はまだ、欧州委員会、閣僚理事会議長国、上級代表という三者がそれぞれの担当分野での対外代表であり、EUが経済から政治までを「一つの声」で語ることはできていなかった。

EU 時代
(2)：現在
　2009年発効のリスボン条約により、ついに三本柱が解消され、EUの名のもとに一本化された。対外代表は、閣僚級（大臣クラス）の代表としては、「上級代表」とされた。ただしソラーナ上級代表のころと異なり、新たな「上級代表」は欧州委員会副委員長も兼ねる。だから理論的には、経済分野（旧第1の柱＝EC）からその他の分野（旧第2・第3の柱＝外交・安全保障、警察・刑事司法）まで、EUのすべての政策領域について対外的に語ることができることになった。

　新たな「上級代表」は、2009年から14年までイギリス出身の

キャサリン・アシュトン（Catherine Ashton）がつとめた。アシュトンは、「上級代表」を補佐する「欧州対外活動庁（EEAS）」の設立に尽力し、対外活動の実務では、もっぱら外交・安全保障分野の対外代表として活動した。経済分野の対外代表は、実務では依然として欧州委員会がほとんどつとめた。2014 年秋から 2019 年秋まで、イタリア出身のフェデリカ・モゲリーニ（Federica Mogherini）がつとめる。

　なお、リスボン条約は、外交・安全保障分野の対外代表をもう 1 人置いた。「欧州理事会」の「理事長」（常任議長）である。初代の理事長は、ベルギー出身のヘルマン・ファンロンパウ（Herman van Rompuy）が 2009 年から 14 年までつとめた。2014 年 12 月からはポーランド出身のドナルド・トゥスク（Donald Tusk）がつとめる。欧州理事会理事長は、上級代表の職務を害さない範囲で、首脳級（大統領や首相クラス）の対外代表となる。

　このように現在でも EU は、対外的に 1 人が「一つの声」を発する制度にはなっていない。とはいえ EU の「顔」は徐々に「欧州理事会理事長」と「上級代表」に定着してきている。

　リスボン条約の発効とともに、日本にあった「駐日欧州委員会代表部」も所属先が欧州委員会から欧州対外活動庁に移され、「駐日EU 代表部」と称するようになった。

対外活動の決定―現在の制度　現在の EU においても、三本柱時代のなごりが対外活動の意思決定にみられる。外交・安全保障（防衛含む）分野の事項の意思決定は、他の分野の意思決定の方法と異なる。これが EU の対外活動の機動性を高めない原因ともなっている。

　外交・安全保障以外の分野（＝旧 EC と旧警察・刑事司法協力の分野）では、「通常立法手続」など立法手続が意思決定の基本である。

よって、欧州委員会が提案し、閣僚理事会も欧州議会も多数決により意思決定を行うことが大部分である（第 3 章参照）。

　外交・安全保障分野については、意思決定の方法が大きく異なり、次表のとおりである。

外交・安全保障事項	構成国　または 上級代表本人　または 上級代表（欧州委員会の支持） }提案→ 閣僚理事会 （決定） 原則：全会一致（建設的棄権あり） 例外：具体的措置は特定多数決可（ただし、国家の重大利益を主張する国は、議案を欧州理事会の全会一致へ付託可）
防衛事項	構成国　または 上級代表本人 }提案→ 閣僚理事会 （決定） 原則：全会一致（建設的棄権あり） 軍事・防衛の意味合いをもつ事項の決定には、特定多数決不可。

○ 欧州委員会は提案権がない。提案権は、EU 各国か上級代表がもつ。

○ 欧州議会は決定に関与しない。

○ 採択は閣僚理事会が、原則として全会一致でする（通常の棄権は全会一致の成立を妨げない）。

○「建設的棄権」の制度がある。通常の棄権ならば、全会一致で成立した決定を棄権国も実施する義務を負う。建設的棄権では、棄権国が成立した決定を実施する義務を負わない（ただし、EU 諸国の 1/3 以上の諸国が「建設的棄権」をし、かつ、その棄権諸国が EU 総人口の 1/3 以上を占めるときは、採決をしてはならない（EU 条約 31 条 1 項））。

○ 特定多数決は、基本方針を全会一致で決めた後、具体的な実

施措置などを決める際に用いる。

○ ただし、特定多数決を用いるときでも、ある EU 構成国が国の重大な利害を主張するときは、特定多数決をせず、その議案を閣僚理事会から欧州理事会に付託して、欧州理事会の全会一致による決定を仰ぐ。

○ 安全保障政策に軍事・防衛的意味合いの事項が含まれるときは、特定多数決はできない。

要するに、外交・安全保障・防衛分野の対外活動は、EU 諸国政府の主導で決定され、決定に欧州議会はまったく、欧州委員会もほとんど、関与できない。

まとめ　こういうわけで、EU はたしかに三本柱が消えて一つの家となったのだが、中は二つの部屋に分かれているようなものである。外交・安全保障・防衛の部屋は、もっぱら閣僚理事会＝EU 諸国政府だけで決定がなされる。それ以外の政策の部屋は、欧州委員会・欧州議会・閣僚理事会の三者が協議して決定する。いわば、外交官だけの部屋とみんなの部屋の違いである。みんなの部屋では、立法過程の公開と透明性が求められるが、外交官だけの部屋は会議が非公開で一般の人々には不透明である。外交・安全保障・防衛は、EU を構成する諸国が「国家」として強制的権力を発揮する政策領域であるがゆえに、そこだけは外交官や国家の中枢にある人々だけにまかせて決定する特別の雰囲気（性質）になっているのである。

[注]

1）Houssain Kettani, "Muslim Population in Europe: 1950-2020" International Journal of Environmental Science and Development, Vol. 1, No. 2, June 2010, pp.154-164.

2) Council Regulation 596/82［1982］OJ L 72/15.（対ソビエト）; Council Regulation 877/82［1982］OJ L 102/1.（対アルゼンチン）

3) Case T-315/01, Kadi［2005］ECR II-3649（EU 一般裁判所）; Cases C-402/05P and C-415/05P, Kadi and Al Barakaat International Foundation［2008］ECR I-6351（EU 司法裁判所）.

4) EU 一般裁判所は次のように述べた。この事件では安保理決議を EU 内で実施するのが EU 規則だという関係があるので、内容的には EU 規則＝安保理決議である。ところが安保理決議など国連憲章上の義務は、国連憲章によれば、国連加盟国が他のどんな条約上の義務にも優先して守らなければならない。EU 規則は EU 諸国が本来個別に国連加盟国として実施する措置を EU がまとめて代行したものだから、EU は国連加盟国ではないけれどもいわば EU 諸国の代理として優先義務にしばられる。だから EU の裁判所が EU 規則の違法性＝安保理決議の違法性を問うことはできない。なお、国連といえども国際法上の不文の人権規範に拘束されるが、その人権規範に照らしても K に人権侵害はない、と。

5) WT/DS26/R/USA, WT/DS48/R/CAN（パネル）; WT/DS26/AB/R, WT/DS48/AB/R（上級委員会）; WT/DS320/AB/R（対抗措置についての上級委員会）

6) WT/DS400/R ; WT/DS401/R（パネル）; WT/DS400/AB/R ; WT/DS401/AB/R（上級委員会）

7) Case T-526/10, Inuit Tapiriit Kanatami, ECLI:EU:T:2013:215.

◇第5章◇ EU はどうなるのか

　EU は、EU 諸国が設立した統治組合であるが、その運営には、諸国の国民が欧州議会選挙を通じて、あるいは訴訟を通じて、参加する（第2章・第3章）。そして EU 立法はその人々に権利を与え、義務を課し、直接に影響を与える。その EU は、経済活動や共通通貨や人の移動といったことがらから警察や安全保障や防衛に至るまで、濃淡はあるが、政策や立法を展開できるし、している（第2章〜第4章）。EU はたしかに今日まで、ヨーロッパの恒久平和を実現し、経済的な繁栄も、浮き沈みはあるものの、おおむね支えてきた。世界に対しては、EU の経済の重みを武器・手段として、EU のルールや基準や価値とするものを普及させようとしてきた。

　では EU は今後どうなっていくのか。その展望は、何より EU を作り、運営している当事者であるヨーロッパの人々と諸国が、EU をどう見ているのかを知ることから始まる。

| EU とヨーロッパの人々 |

ヨーロッパ諸国の人々は、EU に満足し、それを支持しているのだろうか。EU が定期的に行っている世論調査をみると、人々は継続して安定的に EU を支持している（次頁の上部のグラフの濃い実線）[1]。ユーロ危機に陥ったときでも、EU 悪印象（濃い点線）が好印象（濃い実線）を上回ることはなかった。

◇ 2006-14 年の世論調査〔EU のイメージがよいか、悪いか、どちらでもないか〕

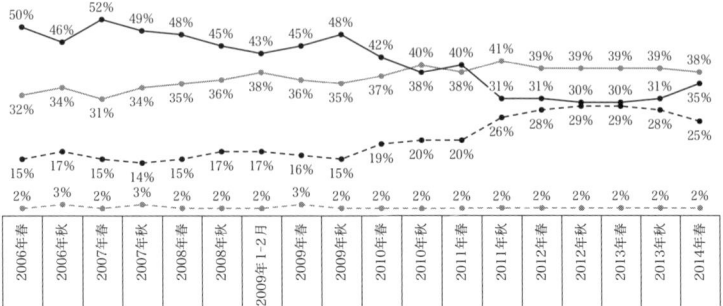

EU は、人々から各国政府・議会よりも信頼されてきた（次グラフの濃い実線が EU を信頼する人の割合）。

◇ 2006-14 年の世論調査〔EU、各国議会、各国政府を信頼するかしないか〕

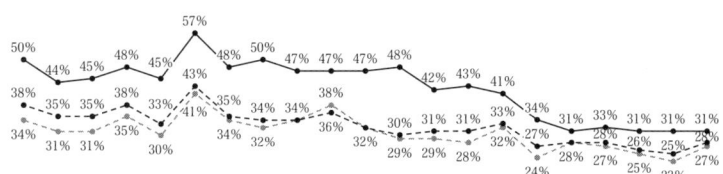

そして EU の今後についても楽観する人が継続して多数を占めている（次グラフの実線）。

◇ 2006-14 年の世論調査〔EU の今後を楽観するか悲観するか〕

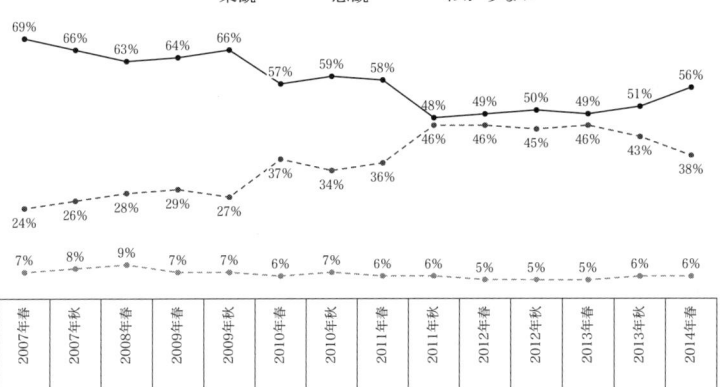

だが、人々は EU の運営に満足はしていない。自分の声が EU に反映されていないと思う人が長期的に多数を占めている（次グラフの濃い点線が、反映されていないと思う人の割合）。

◇ 2006-14 年の世論調査〔自分の声が EU に届いていると思うか〕

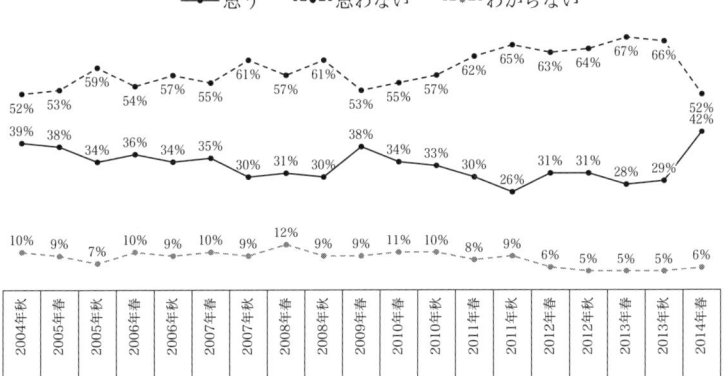

国ごとにみると、自分の声が届いていると思う人が多い国が北欧や独仏など 11 カ国、思わない人が多い国が、東欧諸国や英伊など 18 カ国ある。

　2010 年代のヨーロッパの人々の主たる関心は、不況脱出である。ユーロ危機で緊縮財政を強いられている国々を中心に、失業率の高い国が多数ある。それに呼応して、自国への移民の流入やインフレも心配している。EU の世界での影響力について関心をもつ人はさほど多くない。

◇ 2013・14 年世論調査〔EU での重要な課題は何か〕

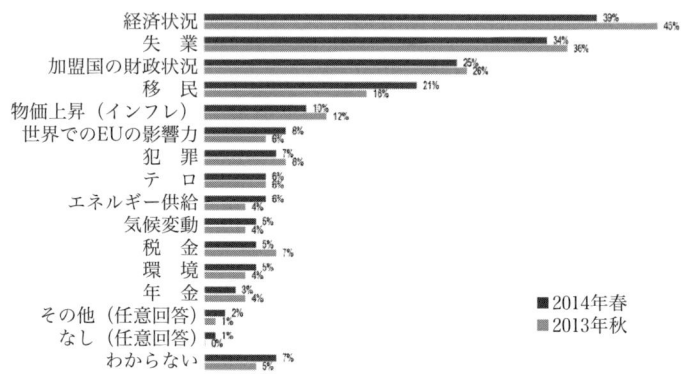

経済状況		39% / 45%
失業		34% / 36%
加盟国の財政状況		25% / 28%
移民		21% / 19%
物価上昇（インフレ）		12% / 12%
世界でのEUの影響力		8% / 8%
犯罪		7% / 8%
テロ		8%
エネルギー供給		4% / 6%
気候変動		5% / 4%
税金		5% / 7%
環境		4% / 5%
年金		3% / 4%
その他（任意回答）		2% / 1%
なし（任意回答）		0% / 1%
わからない		7% / 5%

■2014年春
■2013年秋

　ではヨーロッパの人々は EU の成果は何だと思っているのか。域内市場での自由移動とヨーロッパの恒久平和が二大成果だと思っている。これが断然安定した多数の人々の評価である（半数以上の人がそう答える）。それに続く成果として人々があげるのは、共通通貨ユーロ、エラスムス計画による諸国間学生交流、EU の世界への政治的、経済的影響力などである。

　ならば、自分を「EU の市民だと思うか」と問われると、多くの人が「ある程度そう思う（yes, to some extent）」としか答えない。この傾向にあまり変化はない。

◇ 2010-14 年世論調査〔EU の市民だと思うか〕

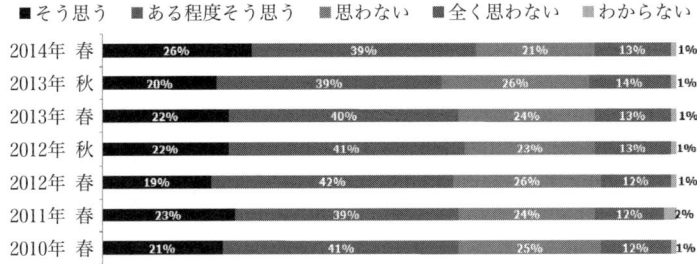

■そう思う ■ある程度そう思う ■思わない ■全く思わない ■わからない

2014年 春	26%	39%	21%	13%	1%
2013年 秋	20%	39%	26%	14%	1%
2013年 春	22%	40%	24%	13%	1%
2012年 秋	22%	41%	23%	13%	1%
2012年 春	19%	42%	26%	12%	1%
2011年 春	23%	39%	24%	12%	2%
2010年 春	21%	41%	25%	12%	1%

　このような長期的な世論調査からわかるように、EU の課題は、人々の主たる関心に応える政策を打ち出すことにある。なにより人々は良好な経済状況をつねに願う。EU が政治領域に政策を拡大するにしても、まずは経済共同体 EC の原点がやはり、人々に最も訴えかけるものである。

　ところが、EU はその人々の願いに即応するような統治制度になっていない。第 3 章で EU の仕組みと運営をみたが、現行の EU の仕組みは、人々には分かりにくく、また声の届きにくい制度である。人々は、自国では国政議会の選挙の投票を通じて、政権政党を変更できる。政権政党が変われば政策方向も変わる。ならば EU でもそうかというと、欧州議会はそういう国政議会とは違う。EU では政策の立案と法案の提出は、大部分の政策分野について、欧州委員会の独占権である。その欧州委員会は、欧州議会が任命する人々ではなく、政策立案の方向に影響を与えるのは、むしろ欧州理事会（各国政府首脳）である。だから、人々が欧州議会選挙に投票しても、それで EU の政策形成の方向を変えることはほとんど期待できない。

　もともと EU は、EU 諸国政府が設立し、諸国政府が政策や法案の採択権を握っていた（EC 時代の「諮問手続」）。いまでも外交・安

全保障分野は諸国政府が決定権を握っている。それを出発点にして、外交・安全保障分野以外の分野については、欧州議会の立法関与を次第に高めていったのである。だから現在の EU の「通常立法手続」にせよ、欧州議会と「閣僚理事会」(EU 諸「国家」の政府閣僚代表会議)が、欧州委員会の法案を共同で採択するのだ。つまり EU は、「国家」が主体となって運営する国際機構としての側面が残るのであり、それに人々(EU 市民)が主体となって参画するようになった、そういう組合である。

そういう組合の EU は、国内政治の仕組みとは違う。その違いを理解して、より人々の関心に即応する政策形成をする EU にするには、制度や運営をどう改善すればいいのか、と問うところから、EU を今後どうすべきかという議論が始まる。

事実いかに人々に近い EU を実現するかは、1990 年代の EU 条約改正交渉のころから何度も取り上げられたテーマであった。それに対しては、欧州議会に立法採択権をより広い範囲で与えるというお定まりの解答が与えられてきた。現行のリスボン条約は、それに加えて、ヨーロッパの人々の声が EU に届くようにと、新たに、100 万人の「**立法発案(イニシアティブ)制度**」を導入した。EU の複数国に広がる 100 万人の市民が具体的な立法提案ないし立法要求を欧州委員会にできるという制度である。2012 年 4 月から実施されている。だが、これだけでヨーロッパの多数の人々の声に即応する EU になると考えるのは、楽観的すぎる。100 万人を集めるために具体的な提案をすればするほど、EU が担当すべき EU5 億人のためのスケールの大きい政策形成から遠ざかるからだ。

そして大きな政策については、ヨーロッパの人々は、何ら明確なイメージがないようである。人々は、ヨーロッパの恒久平和は達成されたと評価し、目下は、不況を脱したいという。だがその次にく

るEUの一大事業についてはイメージがない。それを見出し、あるいは作り出し、人々にそれが正しい政策だと信じさせるのは、政治家の役割である。しかし現在のEU諸国の政治家たちは、目前の課題に埋没している。

EU とヨーロッパの各国
EUを組合にたとえてきたが、EUは実はEU各国からみると、組合のごとく〈頼もしく〉もあれば、それ以上に〈怖い〉存在でもある。

〈頼もしい〉とは、中小国がとくに痛感することである。世界の舞台で重視されない存在が、EUの名で立派に外交ができ、経済的な面でも、1カ国だけのときよりも、はるかに交渉力をもって、世界の他国と渡り合えるからである（第1章末のコラム「EUの規模」参照）。大国にとっても、自国以上のウェイトで世界の諸国と伍していける。

〈怖い〉存在とは、EUが各国のコントロールの効かない面をもつ点である。とくにEU司法裁判所である。第2章・第4章でみたように、EU諸国が、EUの基本条約を交渉して定めても、あるいは特定の具体的なEU立法を詳細に定めたつもりでも、EU司法裁判所が思ってもみない解釈を示して、予想もしなかった人々に権利を与えたりする（「直接効果の法理」や「EU法の優位性」、「航空旅客の権利」規則の遅延旅客、カウワン事件の強盗にあったイギリス人被害者、グラヴィエ事件・ブレゾー事件のフランス人美大生・医大生、サンブラーノ事件のコロンビア人夫婦など）。こうして、EUは自らの論理で、EU各国の法や政治まで変容を迫る面がある。

各国はこの二面性を感じながら、EUの権限拡大を容認し、制度を改造してきた。しかし今後は、制度改革はいっそう困難になるだろう。加盟国が28になり、いまだに基本条約の改正は、すべての加盟国の賛成と批准が必要で、国民投票が必須の国もあるからだ。

ヨーロッパの人々の関心にいっそう即応するような運営の工夫と制度の改革が、残された EU の課題である。

■コラム：「主権」という概念で EU を理解しようとすることの問題点

　しばしば EU に加盟することで、EU 各国は「国家主権」を失ったとか、制限されたとか言われるが、これは一面的である。政治的な生の権力（パワー）としての「主権」は、EU の〈頼もしい〉面ではむしろ拡大しているのだ。〈怖い〉面ではたしかに制限されている。

　実はここに議論の混乱ないし落とし穴がある。

　もともと「主権（sovereignty）」という言葉は、むき出しの政治権力（パワー）が、最終的にだれかに集中してあるという発想をとるときに使う言葉である。国王が「主権」をもつ、国民が「主権」をもつというように、どこかにパワーの源が 1 つあるという発想である。そしてそのパワーの源は「正統」（legitimate）な権力の持ち主だという評価が、論証なしに、「そういうものだ」として持ち込まれる（権威づけ、オーソライズされる）。

　このような独特の思考形式をとるのが「主権」という概念であるが、はたして EU をその「主権」という概念で語ること自体が適切なのか、というのが実は問うべきことである。なぜなら、EU では権力の源が 1 つに収斂しないからだ。EU 各国にも最終的にものを決める権力がいまだにあるし、実は EU にも、それが解消されない限り、「排他的権限」として、EU だけが最終的に決められる権力がある。EU は、EU 各国と EU の間で、統治のパワーが共有も、分有もされている体制である。

　さらに議論が混乱するのは、「主権」をパワーではなく、オーソリティ（権威）・レジティマシー（正統性）という意味で使う人もおり、その意味であれば、たしかに EU のパワーの究極のオーソリティは、EU 各「国家」から生じているだろう。各国が条約で EU を作ったのだから。ただ、その各国は国民が最終的なパワーのオーソリティをもつ（国民主権）と考えているから、間接的には、ヨーロッパの人々にもオーソリティがあるともいえなくはない。こうしてオーソリティも複数ありうる。

　いずれにせよ、「主権」という言葉で EU を分析することは方法としてそもそも適切かを疑わねばならない。不適切なら、他の分析方法も考えなければならない。そこまで突き詰めるのが EU を「学問」することである（巻末の参考文献「EU の分析方法の模索」の項を参照）。

　付言すれば、本書で用いてきた EU ＝「組合」の比喩もまた、理解が進めば、捨てるべきときがくる。EU は、組合以上の〈怖い〉存在だから、

> EU のパワーを作り出したはずの各国を、そのうちじわじわと各国が予想
> もしない面で制約してしまい、各国に国内法の変更を強いるようなパワー
> をもっている。組合は、組合員が思ってもいないことを自分で始めて、組
> 合員のほうを変えてしまうというようなパワーまではない。だから、組合
> の比喩は、EU の理解が進めば捨てなければならない（第 1 章冒頭参照）。

EU は国家になるのか　EU はすでに多くの政策領域に無視できない権限を発揮している。そして EU と EU 各国の間には、立法権限の配分もなされている（第 3 章参照）。だから現に EU は、連邦方式の、国家のような統治をしている面がある。だが、絶対的な強制的権力を EU 自体はもたず（第 2 章参照）、諸国家が設立する国際機構の一面も残している（第 3 章参照）。EU が今後どうなるかは、ヨーロッパの諸国と人々の日々の実践に委ねられており、答えは未定である。なによりヨーロッパの諸国も人々も、EU を将来どうしたいかの定見をもっていない。

　現在のヨーロッパの人々も諸国も、自国の上にヨーロッパ連邦国民国家を夢見ているようには見えない。第 1 に、1990 年代から 2000 年代にかけて、ヨーロッパの人々と諸国は、EU について「権限付与原則」「補完性原則」「比例原則」という権限に関する三大原則を基本条約に次々と明記した。権限付与は、EU は与えられた権限の範囲でしか活動できないという考え方だ。補完性は、規模または効果の面からみて、EU 各国で個別に対処するより EU で対処するほうがよいといえるときだけ EU が権限を行使すべきだという考え方だ。そして比例性は、権限を行使するときも、目的を達成する必要な範囲に限るという訓示である。この三つを貫くのは、これ以上は人々も諸国も EU に権限を容易には与えないし、EU は本当に必要なときに必要な範囲だけ出てくればよいという EU を抑制するような気持ちである。

　第2に、これまで EU が前進してきた歴史に焦点をあててきたので触れなかったが、実はヨーロッパの諸国と人々は、2000 年代初頭に EU の「憲法」を示す条約を作ろうとして失敗した前歴がある。「憲法」という言葉は、ヨーロッパの人々に「国家」の基本法というイメージを抱かせた。EU の「憲法」を語る条約を、人民代表による憲法制定会議みたいなものが起草するやり方や、条約の内容などから、多くの人々はこの条約の締結が EU 連邦国家の建設につながると連想し、そのような方向での EU 建設を拒否したのだった。

コラム：欧州憲法条約の試みと失敗（2002-05 年）

　EU と人々の結びつきが薄いがゆえに、それを新条約の起草過程から強めるために、EU 諸国は人民代表の「諸会議（Convension）」を開催することに合意した。そこで EU 各国の国政議会の議員代表、欧州議会の議員代表、そして EU 諸国政府の代表と欧州委員会の代表による「諮問会議」がつくられ、ジスカール・デスタン（Giscard d'Estaing, 元フランス大統領）議長のもとで「欧州憲法条約草案」をまとめた（2002-03 年）。これをベースに EU 諸国政府間の条約交渉会議を開き、若干の修正はあったが、ほぼ草案が生かされて、「欧州憲法条約（Treaty establishing a Constitution for Europe）」（憲法条約）が締結された（2004 年）。

　憲法条約は、EC 設立条約と EU 設立条約を廃止して、それらに代わる新しい条約として結ばれた。冒頭で「ヨーロッパ諸国と人々」が EU を作る主体だと定め、EU の目的を「平和、EU の価値、EU の人々の幸福」の推進とし、EU の旗（青地に 12 金星の輪）・歌（ベートーヴェン第 9 交響曲終楽章の「歓喜の歌」）・記念日（5 月 9 日）・モットー（「みんな違うが一つ（unity in diversity）」）も定め、この条約に EU 基本権憲章を取り込んで人権規定とし、EU と構成国の間には立法権が配分されるものとし、EU の立法は「通常立法手続」（＝共同決定手続）を基本とするように、EU は今後この「憲法」に則していっそう EU 市民のために民主的に運営されるとうたった。これは容易に EU ≒ 連邦国家のイメージを人々に抱かせた。

　憲法条約が各国の批准に回されたところ、2005 年、フランスとオランダの人々は相次いで、国民投票で明確な多数をもって批准を否決した。この両国は、EU の最古参の加盟国であり、そこの人々が断固たる "No" を突きつけたため、他国での批准も行き詰まり、憲法条約は発効せず、流れて

しまった。

　その後、憲法条約のもっていた連邦国家建設をイメージさせる部分だけを取り除き（「憲法」という言葉、EU を作るのが諸国と人々だという規定、旗・歌・記念日・モットーの規定などを削除し）、残る中身のほとんどを従来の EU 条約と EC 条約の「改正」という穏便な形で実現したのが、今のリスボン条約である。

　第3に、その後もヨーロッパの人々の多くは、EU に対して直接の結びつきを、強くは感じていない。EU 市民だと「ある程度そう（yes, to some extent）」思う程度である。「思わない（no, not really）」の人と合わせると、継続して 60% 以上の人は強い結びつきは感じていない。かつてある社会学者は、1980 年代の EC を指して、「だれが EC のために死のうと思うだろう」（＝思うわけがない）と評したが（ベネディクト・アンダーソン『想像の共同体』）、多くのヨーロッパの人々はいまも同感だろう。2014 年の世論調査はそう推測させる。

　いずれにせよ人々も諸国も、EU の最終像を描けないまま EU を運営している。だから、「EU は国家になるのか」といった、既存の統治体制像をもってきて、それに EU を当てはめて行く末を問う、その問いの立て方そのものが不適切なのである。未定のものに既定の答えや思考パターンをおしつける誘導尋問になってしまう。

コラム：イギリスの EU 脱退（Brexit）

　EU 残留か脱退かを問うた 2016 年 6 月 23 日のイギリスの国民投票は、脱退派が僅差で多数を占めた。

　たしかにイギリスは、EC 創設初期からヨーロッパ統合に一歩距離を置き、加盟後も折に触れ一部の政策や将来像に異論を唱え、特例もあれこれ認めさせてきた。共通農業政策の価格支持制度を不合理と糾弾し、ヨーロッパ独自防衛よりも NATO を強調し、通貨の統一と財政の連帯を伴うユーロを峻拒し、人の域内自由移動の帰結たるシェンゲン圏には入らない。だがそのイギリスも、EU の基盤をなす域内市場統合を推進し、冷戦後ヨー

ロッパの安定のために EU の東欧拡大を支持し、またテロ対策と警察協力にも尽力し、NATO の枠組みと相互補完的な EU 共通防衛政策を容認した。イギリスの異論は、具体的な政策選択や長期的将来像への（一理ある）異論であり、不条理な異論でもなければ、戦後ヨーロッパの経済統合を基礎とした平和構築構想の否定でもなかった。ゆえに EU 脱退の投票結果に接し、遡ってイギリスを異質な国として脱退が必然だったかのようにいうのは、偏った誇張である。残留派が僅差で拮抗していた点も異質論は説明できない。

　本書の随所で指摘してきたように、EU は一枚岩ではない多様な諸国と諸国民間の対立と協調の両面を備えた、行方も知れぬ生成途上の統治体制である。イギリスはその地理的位置や歴史的経緯、権力懐疑的で自由主義的な思想傾向などの特徴から、EU の意義を独仏伊ベネルクスなどの古参国とは違う視点から評価し、イギリスなりに EU 建設に参画してきた。それは比較的新参の北欧や東欧の諸国にも相当に共有される視点である。スウェーデンもデンマークも市場統合を支持するがユーロには参加していない。古参国は人の移動について、とくに域外からの移民や難民の受入れに関する事柄のますます多くを EU で決めようと提案するが、東欧諸国はそれに反対している。そしてイギリスの脱退派が槍玉にあげた、庶民のニーズに耳を傾けず、ビッグ・ビジネスと政府高官中心の EU 運営という、グローバル市場競争強者偏重の EU 政策形成への批判は、イギリスを超えて EU 諸国の人々に多く共有されるであろう。つまり Brexit は、イギリス独自の要因もあるが（＝ 2010 年以後、反ヨーロッパ政党 UKIP が保守党を脅かし始めた国内政治の事情から保守党政権がこのタイミングで国民投票の賭けに出たという要因）、生まれたころから EU があって域内平和を当然と考える新世代に向けて、EU が（不戦平和の達成以外に）ヨーロッパの人々に確たる利益（不況対策や難民対策など）を説得的に示せずに漂流してきたことのほうが大きく結果に影響した。

　今後イギリスは EU 条約約 50 条に従い、既得権保障や脱退後の EU との関係構築を含めて脱退協定を（同条が想定する 2 年をおそらく超えて）交渉し、やがて加盟国ではないものの EU と特別に結びつきの深い連携国となっていくであろう（第 4 章のコラム「EU からの脱退（離脱）」参照）。世界の主要国とも種々の包括的な経済自由化協定を結んでいくことであろう。

　だがイギリスに去られる EU 諸国にとっても、イギリスをいかなる近隣として位置づけるかは重大な課題となる（たとえば、より広く長期的な視点から、イギリスをスイス、ノルウェー、トルコ、ウクライナなどとと

もに EU 地域のすぐ外側にあって、EU 諸国の安全保障や経済発展のうえ
で戦略的に重要な隣接諸国と捉え、既存の EEA などの制度の抜本的見直し
も含め、それら諸国に共通の新たな近隣政策を開拓することも考えうる）。
そしてなにより EU は内に向けては、ヨーロッパの人々にもっと「見える」
「手ごたえのある」ものにならなければならない。100 万人の市民発案程度
では人々は手ごたえを感じない。まずは現行の EU 統治制度の下で展開さ
れる民主主義が、失業に苦しむ人々も取り込みうる民主主義になりえてい
るのか、市場競争強者に偏った民主主義ではないかを省察し、必要に応じ
て現行の制度の下で可能な運営の改善をしなければならないだろう。ネッ
ト時代の各種メディアの有効活用もそのひとつである。長期的には、新規
加盟国を迎える際に基本条約の部分改正にも取り組み、EU 各国の国政議
会の一定数に共同提案権を認めるとか、ヨーロッパの人々が欧州議会選挙
に「手ごたえ」を感じるために、欧州委員会の委員長を欧州議会が任命す
る制度に改めるなどの改革も展望する必要があるだろう。Brexit は、イギ
リスだけでなく EU にとっても新展開の幕開けとなるだろう。

むすび：〈国家ではない未来の形〉実現プロジェクト EU

EU はいまだ〈前例のない統治体制〉である。だからこそ、ヨーロッパの人々が日々どう作るべきかを論じ、試行錯誤している。EU がどうなるかは、ヨーロッパの人々・諸国の日々の実践的な課題（＝政治）にほかならない。いいかえれば、EU は、「EU 市民としての地位」と同様、まずは「EU」や「EU 市民としての地位」と命名したものを設定し、そこからあるべき中身をさまざまに想像して実務を重ね、その蓄積から実体が創造されていく自己実現的（self-fulfilling）な存在である（自己実現的とは、少年が野球選手になるんだと宣言して、その気で努力して本当にそうなってしまうようなことをいう。野球選手は像が明確だが、EU は像が未定なので、やっかいである）。そういうヨーロッパの人々と諸国の政治プロジェクトである。〈国家ではない未来の形〉の一つをヨーロッパの人々と諸国は試しているのだ。

　域外の私たちは、EU を自己実現的な存在だと観念し、EU 諸国・ヨーロッパの人々・EU 機関の日々の動きや実務を総合的に見ていくべきだろう。その際、私たちがもっている既存の概念（「主権」「国家」など）を安易に当てはめて EU を理解し語ろうとする方法そのものが、ときに誘導尋問となり予断となる危険も、しっかりと自覚しておきたい。

[注]────────────────────────────────────

1) Standard Eurobarometer 81/Spring 2014.

あ と が き

　EU というヨーロッパ諸国と人々の政治プロジェクトについて、できるだけ分かりやすく、しかし学問的な水準は下げずに、核心だけを取り出して、生き生きと、またアイロニーも交えて案内する。読んで面白い、スパイスとエッジの効いた、速攻で本質を突くような EU 案内をしてみたい。そう思って書いたのが、本書である。私の専門的な知識と関心から、裁判や法や制度の話も多くでてくる。だが法の解釈などを書いたのではない。EU の法が、社会でどう働いて EU やヨーロッパ社会をつくるか、その動く姿を描いた。そして経済や政治の動きにも、できる限り、目配りして書いた。

　思えば、私がまだ大学院生だったころ、「ねえ先生、EC って何」と、アルバイトをしていた塾で高校 3 年生の生徒に聞かれて、一言で核心をつく答えができなかった、あの悔しさ、もどかしさ、申し訳なさがこの本の原点だ。

　あれから 30 年。まあよく勉強したし、時間もかかったものだが、今は一言で言える気になった。第 1 章の冒頭、第 5 章の末尾がその一言だ。ただ、その一言は、本書を通読していただけるなら、それなりに味わい豊かな響きがあることが、おわかりいただけると思う。

　あのときの高校 3 年生も、もういい歳だ。遅くなったけど、やっと返答できるようになった。もし会えるなら、本書を彼らに献呈したい。そして、現役の高校生、大学生、いやヨーロッパに関わりや興味があるすべての人におくりたい。最小限のエッセンスは書いてある。これをベースにして、どんどん関心を広げ深めていってもらいたい。

　本書の出版にあたり信山社の今井守氏には大変お世話になった。御礼申し上げる。

2014 年晩夏
阿蘇山麓にて
著者

第 2 版あとがき

　初版のあとがきを書いたのがつい 2 年前の夏。そのころから急増した中東からの難民の大量流入、そして 2016 年 6 月のイギリスの EU 脱退国民投票と、EU 形成史上の画期となる事態が連続したので、増補と改訂を施した。

2016 年盛夏
コスタ・デル・ソルにて
著者

◇文献案内◇（さらに進んだ学習のために）

・EU概論
遠藤乾『統合の終焉——EUの実像と論理』（岩波書店、2013）
羽場久美子編『EU（欧州連合）を知るための63章』（明石書店、2013）
小久保康之編『EU統合を読む：現代ヨーロッパを理解するための基礎』（春風社、2016）
福田耕治編『EUの連帯とリスクガバナンス』（成文堂、2016）

・EUの歴史
遠藤乾編『ヨーロッパ統合史（増補版）』（名古屋大学出版会、2014）、同編『原典 ヨーロッパ統合史』（名古屋大学出版会、2008）
平島健司『EUは国家を超えられるか——政治統合のゆくえ』（岩波書店、2004）

・EUとEU各国の政治
森井裕一編『ヨーロッパの政治経済・入門』（有斐閣、2012）
網谷龍介＝伊藤武＝成廣孝編『ヨーロッパのデモクラシー（改訂第2版）』（ナカニシヤ出版、2014）
臼井陽一郎編『EUの規範政治—グローバルヨーロッパの理想と現実』（ナカニシヤ出版、2015）

・EUの経済
田中素香・長部重康・久保広正・岩田健治『現代ヨーロッパ経済（第4版）』（有斐閣、2014）

・EUの法
中村民雄＝須網隆夫編『EU法基本判例集（第2版）』（日本評論社、2010）
庄司克宏『はじめてのEU法』（有斐閣、2015）、同『新EU法 基礎篇』（岩波書店、2013）、同『新EU法 政策篇』（岩波書店、2014）

・EU法と各国憲法
中村民雄＝山元一編『ヨーロッパ「憲法」の形成と各国憲法の変化』（信山社、2012）

・EUと世界
遠藤乾＝鈴木一人編『EUの規制力』（日本経済評論社、2012）
安江則子編『EUとグローバル・ガバナンス——国際秩序形成におけるヨーロッパの価値』（法律文化社、2013）
森井裕一編『地域統合とグローバル秩序——ヨーロッパと日本・アジア』（信山社、2010）
岡部みどり編『人の国際移動とEU: 地域統合は「国境」をどのように変えるのか？』（法律文化社、2016）

・EUの分析方法の模索
中村民雄編『EU研究の新地平——前例なき政体への接近』（ミネルヴァ書房、2005）

索 引

〈著者紹介〉

中 村 民 雄（なかむら・たみお）

1959 年生まれ
1983 年 3 月　東京大学法学部卒
1986 年 3 月　同大学大学院法学政治学研究科修士課程修了
　　　　　　　（法学修士）
1987 年 9 月　ロンドン大学法学修士課程修了（LLM）
1991 年 3 月　東京大学大学院法学政治学研究科博士課程修了
　　　　　　　（法学博士）
1991 年 4 月　成蹊大学法学部助教授
1999 年 4 月　同大学法学部教授、9 月より東京大学社会科学
　　　　　　　研究所助教授
2006 年 4 月　東京大学社会科学研究所教授
2010 年 4 月　早稲田大学法学学術院教授（現在に至る）

〈主要著作〉

『イギリス憲法と EC 法――国会主権の原則の凋落』（東京大学
　出版会、1993 年）
『欧州憲法条約――解説及び翻訳』（衆議院憲法調査会事務局、
　2004 年）
『EU 研究の新地平――前例なき政体への接近』（編著、ミネル
　ヴァ書房、2005 年）
East Asian Regionalism from a Legal Perspective: Current Fea-
tures and a Vision for the Future（Routledge, 2009）
『EU 法基本判例集（第 2 版）』（共編著、日本評論社、2010 年）
『ヨーロッパ「憲法」の形成と各国憲法の変化』（共編著、信
　山社、2012 年）

〈現代選書29〉

EU とは何か
――国家ではない未来の形――
【第 2 版】

2015（平成27）年 3 月 25 日　第 1 版第 1 刷発行
2016（平成28）年10月 30 日　第 2 版第 1 刷発行

著　者　中　村　民　雄
発行者　今　井　　　貴
発行所　㈱　信　山　社
〒113-0033 東京都文京区本郷6-2-9-102
電話　03（3818）1019
FAX　03（3818）0344
info@shinzansha.co.jp
出版契約 No.3626-8-0101　printed in Japan

ヨーロッパ「憲法」の形成と各国憲法の変化

中村民雄・山元　一　編

信山社

◆ **ヨーロッパ人権裁判所の判例**
　戸波江二・北村泰三・建石真公子・小畑郁・江島晶子 編集代表
・ボーダーレスな人権保障の理論と実際。解説判例80件に加え、概説・資料も充実。来たるべき国際人権法学の最先端。

◆ **ヨーロッパ人権裁判所の判例Ⅱ**〔近刊〕
　戸波江二・北村泰三・建石真公子・小畑郁・江島晶子 編集代表

◆ **フランスの憲法判例**
　フランス憲法判例研究会 編　辻村みよ子編集代表
・フランス憲法院(1958～2001年)の重要判例67件を、体系的に整理・配列して理論的に解説。フランス憲法研究の基本文献として最適な一冊。

◆ **フランスの憲法判例Ⅱ**
　フランス憲法判例研究会 編　辻村みよ子編集代表
・政治的機関から裁判的機関へと揺れ動くフランス憲法院の代表的な判例を体系的に分類して収録。『フランスの憲法判例』刊行以降に出されたDC判決のみならず、2008年憲法改正により導入されたQPC(合憲性優先問題)判決をもあわせて掲載。

◆ **ドイツの憲法判例**〔第2版〕
　ドイツ憲法判例研究会 編　栗城壽夫・戸波江二・根森健 編集代表
・ドイツ憲法判例研究会による、1990年頃までのドイツ憲法判例の研究成果94選を収録。ドイツの主要憲法判例の分析・解説、現代ドイツ公法学者系譜図などの参考資料を付し、ドイツ憲法を概観する。

◆ **ドイツの憲法判例Ⅱ**〔第2版〕
　ドイツ憲法判例研究会 編　栗城壽夫・戸波江二・石村修 編集代表
・1985～1995年の75にのぼるドイツ憲法重要判決の解説。好評を博した『ドイツの最新憲法判例』を加筆補正し、新規判例を多数追加。

◆ **ドイツの憲法判例Ⅲ**
　ドイツ憲法判例研究会 編　栗城壽夫・戸波江二・嶋崎健太郎 編集代表
・1996～2005年の重要判例86判例を取り上げ、ドイツ憲法解釈と憲法実務を学ぶ。新たに、基本用語集、連邦憲法裁判所関係文献、1～3通巻目次を掲載。

◆ **国際私法年報**　国際私法学会 編
　17号 2016.3刊行 最新刊

◆ **国際人権**　国際人権法学会 編
　27号 2016.10刊行 最新刊

◆ **ヨーロッパ地域人権法の憲法秩序化**　小畑 郁 著

◆ **現代フランス憲法理論**　山元 一 著

信山社

森井裕一　編

地域統合とグローバル秩序
—ヨーロッパと日本・アジア—

植田隆子・中村民雄・東野篤子・大隈宏・渡邊頼純・森井裕一・木部尚志・菊池努

八谷まち子　編

ＥＵ拡大のフロンティア
—トルコとの対話—

八谷まち子・聞寧・森井裕一

植木俊哉　編

グローバル化時代の国際法

田中清久・坂本一也・滝澤紗矢子・佐俣紀仁・堀見裕樹・小野昇平・猪瀬貴道・植木俊哉

森井裕一　編

国際関係の中の拡大ＥＵ

森井祐一・中村民雄・廣田功・鈴木一人・植田隆子・戸澤英典・上原良子・木畑洋一・羽場久美子・小森田秋夫・大島美穂

吉川元・中村覚　編

中東の予防外交

中村覚・吉川元・齋藤嘉臣・泉淳・細井長・立山良司・木村修三・中西久枝・末近浩太・澤江史子・北澤義之・森伸生・小林正英・伊勢崎賢治・高橋和夫

信山社

◆国際法先例資料集－不戦条約
【日本立法資料全集】 柳原正治 編著

◆プラクティス国際法講義 (第2版)
柳原正治・森川幸一・兼原敦子 編

◆《演習》プラクティス国際法
柳原正治・森川幸一・兼原敦子 編

◆国際法研究 ［最新第4号 2016.3刊行］
岩沢雄司・中谷和弘 責任編集

◆ロースクール国際法読本
中谷和弘 著

◆実践国際法 (第2版)
小松一郎 著

信山社

村瀬信也先生古稀記念
◆国際法学の諸相─到達点と展望　　江藤淳一 編

町野朔先生古稀記念
◆刑事法・医事法の新たな展開〔上・下〕
　　　　　　　　　編集代表　岩瀬徹・中森喜彦・西田典之

毛塚勝利先生古稀記念
◆労働法理論変革への模索
　　　　　　　　山田省三・青野覚・鎌田耕一・浜村彰・石井保雄 編

◆〔講座〕憲法の規範力〈全5巻〉ドイツ憲法判例研究会 編
　　◆　第1巻　規範力の観念と条件　　　編集代表 古野豊秋・三宅雄彦
　　◆　第2巻　憲法の規範力と憲法裁判　編集代表 戸波江二・畑尻　剛
　　◆　第3巻　憲法の規範力と市民法　　編集代表 小山　剛（近刊）
　　◆　第4巻　憲法の規範力とメディア法　編集代表 鈴木秀美
　　◆　第5巻　憲法の規範力と行政　　　編集代表 嶋崎健太郎（近刊）

◆新ＥＵ論　　植田隆子・小川英治・柏倉康夫 編

◆ＥＵ権限の法構造　　中西優美子 著

◆ＥＵ権限の判例研究　　中西優美子 著

◆ＥＵ法研究　　中西優美子 編

◆法文化への夢　　千葉正士 著

信山社

現代社会の知的ガイドマップ

現代選書シリーズ

森井裕一　著	現代ドイツの外交と政治
三井康壽　著	大地震から都市をまもる
三井康壽　著	首都直下大地震から会社をまもる
林　陽子　編	女性差別撤廃条約と私たち
黒澤　満　著	核軍縮入門
森本正崇　著	武器輸出三原則入門
高　翔龍　著	韓国社会と法
加納雄大　著	環境外交
初川　満　編	国際テロリズム入門
初川　満　編	緊急事態の法的コントロール
森宏一郎　著	人にやさしい医療の経済学
石崎　浩　著	年金改革の基礎知識（第2版）

信山社

EU 史年表

年	EU 統治制度の展開	本書で取り上げた域内・域外活動の事例
1945	第二次大戦の終結	
1951	**ECSC 条約署名**（パリ条約、52 年 7 月 23 日発効）	
1957	**EEC、Euratom 条約署名**（ローマ条約、1958 年 1 月 1 日発効）（加盟国 6 カ国）	
1959	EFTA 条約（60 年発効）	1959　ヤウンデ協定（〜 74）
1965	EC 機関統合条約（1967 年 7 月 29 日発効）フランスの「空席戦術」→ **EC 政治の危機**→ルクセンブルクの妥協	1963　EU 法の直接効果の法理（判例） 1964　EU 法の優位性の原則（判例）
1966	**「ルクセンブルクの妥協」**	1966　グルンディッヒ事件 1968　対外共通関税導入＋共通農業政策の本格化。被用者自由移動規則
1972	欧州首脳会議の定例化（→ 1986 年の単一議定書で「欧州理事会」に制度化）	1970「EU 法の一般原則」として人権を保障する判例法の確立 1971　黙示的対外権限の法理（判例）
1973	**EC 第一次拡大**（加盟国 9 カ国）	1975　ロメ協定（〜 99）
1979	**欧州議会の第 1 回直接選挙**（第 2 回 84 年、第 3 回 89 年、第 4 回 94 年、第 5 回 99 年…）	
1981	EC 第二次拡大　ギリシャの EC 加盟（加盟国 10 カ国）	1982　丸型マーガリン事件・強いお酒事件、日本製品に対する「ポワチエの戦い」、EC の対ソ連、対アルゼンチン経済制裁 1984　ルイジ＆カルボネ事件（サービス受領者）
1985	ドロール EC 委員会の市場統合政策：『国境なき域内市場の完成』	1985　グラヴィエ事件（学生）
1986	**EC 第三次拡大**　スペイン・ポルトガルの EC 加盟（加盟国 12 カ国）、欧州単一議定書署名（1987 年 7 月 1 日発効）	1988　ブレゾー事件（学生）
1989	**ベルリンの壁の崩壊**（東西対立の解消へ）	1989　カウワン事件（犯罪被害補償）
1990	東西ドイツの統合	1990　有資力者・退職者・学生の自由移動指令
1991	マーストリヒト欧州理事会（EU 条約案に合意）**ソビエト連邦の崩壊**（東西対立・冷戦構造の解消）	1991　アントニセン事件（求職者の自由移動・居住）、日欧の日本車輸出自主規制合意・「日 EC 共同宣言」

EU 史年表

年	EU 統治制度の展開	本書で取り上げた域内・域外活動の事例
1945	第二次大戦の終結	
1951	**ECSC 条約署名**（パリ条約、52 年 7 月 23 日発効）	
1957	**EEC、Euratom 条約署名**（ローマ条約、1958 年 1 月 1 日発効）（加盟国 6 カ国）	
1959	EFTA 条約（60 年発効）	1959　ヤウンデ協定（〜 74）
1965	EC 機関統合条約（1967 年 7 月 29 日発効）**フランスの「空席戦術」→ EC 政治の危機→ルクセンブルクの妥協**	1963　EU 法の直接効果の法理（判例） 1964　EU 法の優位性の原則（判例）
1966	**「ルクセンブルクの妥協」**	1966　グルンディッヒ事件 1968　対外共通関税導入＋共通農業政策の本格化。被用者自由移動規則
1972	欧州首脳会議の定例化（→ 1986 年の単一議定書で「欧州理事会」に制度化）	1970「EU 法の一般原則」として人権を保障する判例法の確立 1971　黙示的対外権限の法理（判例）
1973	**EC 第一次拡大**（加盟国 9 カ国）	1975　ロメ協定（〜 99）
1979	**欧州議会の第 1 回直接選挙**（第 2 回 84 年、第 3 回 89 年、第 4 回 94 年、第 5 回 99 年…）	
1981	**EC 第二次拡大**　ギリシャの EC 加盟（加盟国 10 カ国）	1982　丸型マーガリン事件・強いお酒事件、日本製品に対する「ポワチエの戦い」、EC の対ソ連、対アルゼンチン経済制裁 1984　ルイジ ＆ カルボネ事件（サービス受領者）
1985	ドロール **EC 委員会の市場統合政策**：『国境なき域内市場の完成』	1985　グラヴィエ事件（学生）
1986	**EC 第三次拡大**　スペイン・ポルトガルの EC 加盟（加盟国 12 カ国）、欧州単一議定書署名（1987 年 7 月 1 日発効）	1988　ブレゾー事件（学生）
1989	**ベルリンの壁の崩壊**（東西対立の解消へ）	1989　カウワン事件（犯罪被害補償）
1990	東西ドイツの統合	1990　有資力者・退職者・学生の自由移動指令
1991	マーストリヒト欧州理事会（EU 条約案に合意）**ソビエト連邦の崩壊**（東西対立・冷戦構造の解消）	1991　アントニセン事件（求職者の自由移動・居住）、日欧の日本車輸出自主規制合意・「日 EC 共同宣言」